Poesie in Reim und Vers

Poesie in Reim und Vers

Herausgegeben von
Irene und Gerald Drews

Redaktion: Michaela Mohr
Mitarbeit:
Susanne Miska, Stephan Kraft

Pattloch Verlag

Die Deutsche Bibliothek – CIP-Einheitsaufnahme

Poesie in Reim und Vers / hrsg. von Irene und Gerald Drews. Mitarb.: Susanne Miska; Stephan Kraft. – Augsburg : Pattloch, 1996
ISBN 3-629-00665-5

Pattloch Verlag, Augsburg

Titelgestaltung: Peter Engel, Grünwald, unter Verwendung eines Fotos von Ludwig Reisner, Gundelfingen
Satz: 10/11 P. leichte Tiffany von Uhl + Massopust, Aalen
Druck und Bindung: Ebner, Ulm
Printed in Germany

ISBN 3-629-00665-5

Inhalt

Kapitel 1

Kapitel 2

Kapitel 3

Kapitel 4

Kapitel 5

Kapitel 6

Kapitel 7

Kapitel 8

Kapitel 9

Kapitel 10

Kapitel 11

Kapitel 12

Kapitel 1

Worte, die von Herzen kommen, gehen zu Herzen

Aus Israel

Ein paar Gedanken über Poesie in Reim und Vers

Liebe Leserin, lieber Leser,

Dichtung, Lyrik, Poesie – ist das nur etwas für Genies wie Goethe, Schiller und Shakespeare?
Nein, keineswegs! Das Phänomen mehr oder weniger kunstvoll gereimter Sprache begegnet uns überall, jeden Tag. Schalten Sie nur mal Ihren Fernseher oder Ihr Radio ein, schlagen Sie eine Illustrierte auf oder gehen Sie in den Supermarkt. Unterhaltung, Werbung, ja sogar Information – all das kommt ohne Reime gar nicht mehr aus.
Sie und wir allerdings auch nicht!
Irgendwann kommt nämlich für jeden von uns der Augenblick der Wahrheit. Da werden wir gebeten, uns mit einigen geistreichen Zeilen in einem Poesiealbum oder Gästebuch zu verewigen, da sollen wir einen Beitrag für eine Hochzeitszeitung schreiben oder an-

läßlich eines Jubiläums oder sonstigen Festes „ein paar Worte" sagen. Da müssen wir zum Geburtstag, zur Genesung, zur Goldenen Hochzeit gratulieren. Natürlich. Originell, natürlich, wenn's geht, gereimt. Und dann …?

Natürlich: Die großen Dichter haben wir ja eigentlich immer bewundert, aber wir selbst? Nur keine Panik! Denn wer kann schon von sich behaupten, zu den begnadeten, von der Muse geküßten Genies zählen, deren Verse die Welt aus den Angeln heben? Aber ist es nicht trotzdem schön, anderen mit ein paar selbstgebauten oder gut ausgewählten Versen eine Freude zu machen? Der Mutter zum Muttertag, den Großeltern zu Weihnachten oder zum Geburtstag, einem guten Freund zur Hochzeit, dem Vereinsvorstand zum Jubiläum. Wenn unsere eigene Dichtkunst dem Anlaß nun beim besten Willen nicht gerecht werden kann – na, dann leihen wir uns eben einen Vers …

Dieses Buch ist genau für diesen Zweck gemacht. Es enthält viele hundert Reime und Spruchweisheiten für nahezu jede Gelegenheit. Sie stammen von großen Dichtern, Denkern und Philosophen der Vergangenheit und Gegenwart, aber auch von unbekannten Reimern, bei denen ein Geistesblitz gezündet hat. Sie werden auch viele Volksweisheiten finden, die, wie es so schön heißt, die Dinge auf den Punkt bringen.

Die Sammlung wurde auch für die geschrieben, für die das Aufsagen oder Aufschreiben von Gedichten schon in der Kinderzeit eine Qual war und vielleicht heute noch ist. Wir wollen Ihnen neue Anstöße geben durch das Schmökern von Heiterem und Besinnlichem. Und es würde uns freuen, wenn Sie wieder – oder vielleicht zum ersten Mal – Spaß an der Vielfalt der Kunstformen Lyrik, Dichtung oder Poesie bekommen.

Außerdem ist dieses Büchlein als Hilfsmittel für jene gedacht, die – genau wie wir selbst – ihren eigenen dichterischen Fähigkeiten nicht immer über den Weg trauen, aber dennoch anderen mit gereimten Worten ab und zu mal eine Freude machen oder einfach für Spaß sorgen wollen.
Eine Schwierigkeit allerdings gibt es bei selbstgemachten und „geliehenen" Versen gleichermaßen: Sie müssen passen. Ist das nicht der Fall, kann man auch mit Versen, die nicht aus der eigenen Feder stammen, ins Fettnäpfchen treten.
Wenn man aber ein paar Grundregeln beachtet, kann eigentlich nur wenig schiefgehen. Stattdessen ist man im Nu mit „seinem Gedicht" eine willkommene Abwechslung einer jeden Festivität.

Kleine Gebrauchsanweisung für Geschenke in Reim und Vers

Ein wenig Theorie zum Anfang. Aber, versprochen, nur ein ganz klein wenig. Ausführlicheres hierzu finden Sie in unserer ebenfalls im PATTLOCH-Verlag erschienenen Sammlung „Sags in Reim und Vers".

1. Nicht alles, was sich reimt ist ein Gedicht

„Dichtung: ‚Sprach- oder Wortkunstwerk'" heißt es kurz und knackig in einem Literaturlexikon. Ein Gedicht im traditionellen Sinn ist tatsächlich ein komplexes kleineres oder größeres Kunstwerk. Es besteht, ähnlich wie ein Haus, aus bestimmten Bausteinen, die wiederum nach gewissen Gesetzmäßigkeiten zusammengefügt werden. Reim, Vers und Strophe sind die Grundbausteine solcher „Sprach- und Wortkunstwerke“.

Der Reim

Unter Reim verstehen wir zwei Wörter, die vom letzten betonten Selbstlaut an gleich klingen: Regen/Segen, mein/dein und natürlich die altbekannten und abgedroschenen Herz/Schmerz, Liebe/Triebe und so weiter.
Wohlgemerkt: Nicht eine übereinstimmende Schreibweise ist ausschlaggebend, sondern der gleiche Klang. Ist der vorhanden, spricht man von exakten oder „reinen“ Reimen. Es gibt viele berühmte Dichter, deren Reime nicht immer hundertprozentig exakt sind – und doch haben sie schöne Gedichte geschrieben, wie zum Beispiel Wilhelm Busch.
Aber wie schon gesagt: Ein Reim allein macht noch kein Gedicht.

Der Vers

Genauer gesagt müßte man von einer Verszeile sprechen, die sich durch besondere rhythmische Gestaltung auszeichnet. Diesen Rhythmus – die regelmäßige Abfolge betonter und unbetonter Silben – nennt man Versmaß. Erst das richtige Versmaß bewirkt den typisch melodischen Klang von guten Gedichten.
Natürlich gibt es in der Dichtung, wie in der Musik ganz verschiedenen Rhythmen und jeder hat seinen eignen Reiz.

Die Strophe

Zwei oder mehrere solcher Verszeilen, die inhaltlich miteinander in einem Sinnzusammenhang stehen, ergeben eine Strophe.

„Der Reim ist nur der Sprache Gunst
nicht nebenher noch eine Kunst.“

So lautet die erste Strophe des Gedichtes „Der Reim“ von Karl Kraus. Sie besteht aus zwei Verszeilen, bei denen jeweils eine betonte Silbe auf eine unbetonte folgt, und die sich am Ende exakt reimen. Das ganze Gedicht besteht aus 28 solcher Strophen.
Es muß natürlich nicht immer gleich ein ganzes Gedicht, und schon gar keines mit 28 Strophen sein, denn schließlich

„kann man auch mit kleinen Sachen
den seinen eine Freude machen.“

Volksgut

Ein einziger selbstgemachter oder liebevoll ausgewählter Vers oder Sinnspruch kann ein ganz besonderes Geschenk sein, wenn er eine *persönliche Note* hat. Doch egal, ob selbstgebastelt oder „geliehen“: Ein Vers oder Gedicht muß nicht nur gewisse formale Kriterien aufweisen, um zu „passen“. Auch das Verhältnis zwischen Beschenkten und Schenkendem sollte stimmen, wenn das Sprüchlein wirklich von bleibendem Wert sein soll und nicht nur eine Verlegenheitsgabe.

2. Einen Vers schenken – ein Stück von sich selbst geben

Haben Sie noch Ihr Poesiealbum aus Kindertagen? Falls ja: Sehen Sie auch manchmal die Gesichter einiger Schreiber ganz deutlich vor sich, wenn Sie es aufschlagen und die Sprüchlein lesen, die man Ihnen

hineinschrieb? Vielleicht waren Sie mit manchen von ihnen ganz besonders eng befreundet. Andere, wie Ihre Eltern, standen und stehen Ihnen heute noch sehr nahe. Wie auch immer: Viele, die Ihnen ein Gedicht schenkten, haben mit ihrem Eintrag ein kleines bißchen von sich selbst, von ihrer Persönlichkeit, ihrem Charakter in Ihrem Album hinterlassen. Und das über Jahre, Jahrzehnte.
Wir meinen: Jeder, der selber dichtet, gibt in seinen Zeilen beinahe immer etwas von sich selbst. Aber auch, wenn Sie sich Verse ausleihen, können Sie damit ein Stück von sich offenbaren. Ein Beispiel:

Wenn einer, der mit Mühe kaum
gekrochen ist auf einen Baum,
schon denkt, daß er ein Vogel wär,
so irrt sich der!

Wilhelm Busch

Diesen Vers schenkte uns einst ein Verwandter. Wir kennen ihn als arbeitsamen, zuverlässigen, aber auch bescheidenen, vorsichtigen und skeptischen Menschen, als einen, der keine großen Worte macht und der von Überheblichkeit und Angeberei weit entfernt ist.
Der oben zitierte Vers ist, wie gesagt, nicht von ihm, sondern von Wilhelm Busch. Aber nicht umsonst ist es einer seiner Lieblingsverse. Unser Verwandter hat ihn gut gewählt, weil er ihn treffend charakterisiert.

Noch ein Beispiel:

„Ich muß“ klingt's manchmal hart auf Erden,
doch fügst du nur „ich soll“ daran,
so wird gar bald „ich will“ draus werden
und freudig fühlst du dann: „Ich kann“.

Volksgut

Diese Zeilen schrieb uns eine Klassenkameradin, eine pflichtbewußte „Kämpfernatur“, die schon oft über sich selbst hinausgewachsen ist. Auch sie hat den richtigen Ton getroffen.

Beim Durchblättern dieses Buches werden Sie sicher auf Sprüche, Verse und Gedichte stoßen, die Ihnen auf Anhieb „sympathisch“ sind und von denen Sie das Gefühl haben: „Diese Aussage paßt auf mich.“ Wenn Ihnen die kunstvoll gesetzten Worte eines Goethe selbst nicht viel sagen, dann nehmen Sie lieber einen Spruch von Wilhelm Busch, der Sie zum Schmunzeln bringt. Wenn Sie aber glauben, würdige Worte seien eher angebracht als flapsige Floskeln – dann vertrauen Sie auch hier Ihrem Gefühl. Denn wenn Sie einen Vers verschenken, ist es wichtig, daß er zu Ihnen paßt. Diese Entscheidung sollten Sie selbst treffen oder zumindest jemanden um Rat fragen, der Sie gut kennt. Noch ein Tip: Schreiben Sie Ihr Gedicht oder Ihren Spruch mit der Hand, denn die eigene Handschrift, egal, ob „schön“ oder nicht, ist immer etwas sehr Persönliches. Wenn Sie Lust (und Talent) haben, können Sie noch eine kleine witzige Zeichnung hinzufügen. Dazu müssen Sie kein großer Künstler sein. Hauptsache, Sie haben etwas von sich selbst gegeben.

3. Sprüche und Reime – die individuellsten Geschenke und Geschenkbeigaben

Natürlich wollen Sie mit dem Gedicht oder Spruch, den Sie für einen Freund, Gastgeber, Verwandten, und so weiter dichten oder auswählen, keine reine Selbstdarstellung betreiben. Deshalb sollte Ihre „Dichtung" nicht nur zu Ihnen, sondern auch zu der Person, für die sie gedacht ist, passen.

Erst kürzlich standen wir selbst vor diesem Problem, als uns die Einladung zu einer Hochzeit ins Haus flatterte. Der glückliche „Lebenslängliche" ist einer unserer besten Freunde. Ein Hochzeitsgeschenk war bald gefunden, aber bei der Suche nach einer passenden Glückwunschkarte konnten wir uns für keines der üblichen Exemplare begeistern. Schließlich sollte es doch etwas Individuelles, Persönliches sein! So entschieden wir uns für eine eher neutrale Karte mit einem hübschen Bildmotiv und beschlossen, diese selbst mit einem Spruch zu verzieren. Aber mit welchem?

Nun, den Freund kennen wir gut. Ein junger Werbetexter, der viel von Musik und Literatur versteht, ein kreativer, fröhlicher und warmherziger Mensch. Das Problem war jedoch, daß wir von seiner Braut nur wenig wußten und nicht einmal wußten, wie sie aussieht – und das Geschenk mit Karte sollte ja für beide sein.

Einen Vers über die Unwichtigkeit äußerer Schönheit, wie zu solchen Anlässen sehr beliebt, schlossen wir aus. Wäre die Braut von der Natur tatsächlich nicht mit allzu vielen äußeren Vorzügen bedacht gewesen, hätte das leicht verletzend wirken können. Auch ein belehrendes Gedicht – etwa mit „sieben goldenen Ehere-

geln“ – schied aus. Die beiden sind zwar ein wenig jünger als wir, aber gerade deshalb wollten wir den erhobenen Zeigefinger lieber in der Tasche lassen. Etwas Nachdenkliches, aber doch Heiteres und Positives, ganz so, wie der Bräutigam selbst, sollte es sein, mit einem Stück Lebensweisheit darin, die in möglichen Krisenzeiten eine Hilfe sein kann. Und etwas, das man so schnell nicht vergißt.
Nach langem Suchen entschieden wir uns für einen kurzen Spruch von Cicero, der sich nicht einmal reimt.

„Nichts ist zu schwer
für den, der liebt.“

Ein paar Wochen später erhielten wir eine Dankeskarte für das Geschenk mit folgendem PS: *„Eure Karte haben wir uns aufgehoben. Besser hätte das Motto für unsere Ehe nicht in Worte gefaßt werden können.“*
Kurz und gut: Wenn Sie jemandem mit einem Vers oder einem Sinnspruch eine Freude machen wollen, machen Sie sich unbedingt ein paar Gedanken über diesen anderen Menschen und berücksichtigen Sie zum Beispiel folgendes: Handelt es sich um einen Mann oder eine Frau oder ein Kind? Wie alt ist er/sie? Was für Neigungen, Interessen und Hobbys hat er/sie? Was wissen Sie über seine/ihre Persönlichkeit? Ist er/sie eher ernsthaft oder lustig, optimistisch oder skeptisch? Natürlich muß Ihr Reim, Vers oder Spruch auch zu der Gelegenheit passen, zu der Sie ihn gedacht hatten. Das ist nicht schwer, denn natürlich haben wir als Herausgeber dieses Buches in bewährter Manier die ausgewählten Verse und Reime bereits den passenden Gelegenheiten zugeordnet. Ein paar allgemeine Bemerkungen sollen Ihnen aber dennoch weiterhelfen.

4. Reime und Verse für schwierige Anlässe

Wenn Sie ein Hochzeits- oder Geburtstagsgeschenk mit ein paar gereimten Worten noch wertvoller machen möchten, wissen Sie sofort, welche Themen Ihr Gedicht ansprechen soll. Bei der Hochzeit sind dies natürlich Liebe und Glück, vielleicht auch Treue. Auch ein Geburtstagswunsch beinhaltet meist Glück und oft auch Gesundheit. Selbstverständlich passen diese Inhalte immer auch zu einer Geburt, Taufe oder einem Jubiläum.

Zum Muttertag freut sich jede Mutter über ein paar gereimte Dankesworte.Wenn die dann noch von ihren längst erwachsenen Kindern stammen, die keine Muttertagsgedichte mehr in der Schule lernen, sind sie gleich doppelt wertvoll.

Etwas schwieriger wird es schon, wenn Sie gebeten werden, sich in einem Poesiealbum zu verewigen. Da paßt auch heute noch ein Mahn- oder Merkvers sehr gut. Aber denken Sie daran: Ein Poesiealbum ist im Normalfall ein Freundschaftsalbum, in das längst nicht jeder hineinschreiben darf. Ein liebevoller, freundschaftlicher Vers, der vielleicht noch witzig formuliert ist, kommt deshalb gerade bei den meist sehr jungen Besitzern immer besser an als strenge und humorlose „erwachsene" Weisheiten, auch wenn sie noch so wahr sind. Für einen geliehenen Vers gilt: Einfache, gut verständliche Verse sind sinnvoller als hochgeistige, kunstvolle Formulierungen von Anno Tobak, mit denen Kinder und Jugendliche heute wohl meist nichts mehr anfangen können.

Wohl fast allen Gästen wird es etwas mulmig in der Magengegend, wenn sie bei einem netten geselligen Beisammensein aus heiterem Himmel mit dem be-

rühmt-berüchtigten Gästebuch konfrontiert werden. Anders als beim Poesiealbum oder dem Geburtstag des Erbonkels kann man hier meist nicht in Ruhe nachdenken, sondern muß sich spontan entscheiden. Das Vertrackte an der Geschichte: Eine Verse-Sammlung, von der man sich kurzfristig inspirieren lassen könnte, ist nur selten zur Hand. (Außer Sie nehmen dieses Büchlein jedesmal mit, wenn Sie irgendwo eingeladen sind…)
Im Ernst: Hier ein paar Tips, die Ihnen helfen, diese Klippe souverän zu meistern:

1. Zeit gewinnen

Falls Sie zu den Leuten gehören (ein kleiner Trost: Das ist die absolute Mehrheit!), denen beim Anblick eines leeren Blattes Papier absolut nichts einfallen will, dann lassen Sie es sich nicht anmerken und versuchen Sie, erst einmal Zeit zu gewinnen.
Nehmen Sie das Gästebuch lächelnd entgegen und blättern Sie es interessiert durch. Es ist keine Schande, sich von denen inspirieren zu lassen, die sich bereits verewigt haben. Außerdem wirkt es sehr beruhigend, schwarz auf weiß zu sehen, daß sich vor Ihnen vermutlich auch noch kein zweiter Shakespeare verewigt hat und daß man solche Erwartungen folglich auch an Sie nicht stellen wird.
Strahlt Ihnen das Buch allerdings in unberührtem, aber erschreckenden Weiß entgegen, weil die Gastgeber es eben erst erworben haben, dann atmen Sie erst einmal tief durch, bitten Sie um eine „kreative Bedenkzeit“ und nutzen Sie diese, um an folgendes zu denken:

2. Dank hört jeder gern

Wenn Sie irgendwo zu Gast sind, dann hat sich jemand Mühe und meist auch Arbeit gemacht, um Ihnen ein paar schöne Stunden zu bereiten. Ein paar herzliche Dankesworte, auch ungereimte, die Ihre Wertschätzung für die Zeit als Gast zum Ausdruck bringen, kommen immer gut an. Etwa so:

Danke für den schönen Abend
für das Mahl erquickend, labend,
für den Wein und für das Lachen,
so müssen wir's bald wieder machen.

Susanne Miska

3. Fröhlichkeit steckt an

In selteneren Fällen geht es bei einer Einladung „bierernst" zu; meist ist man in fröhlicher, ungezwungener Runde beisammen. Es muß also kein dichterisches Kunstwerk sein, daß Sie im Gästebuch hinterlassen. Versuchen Sie doch einfach, Ihre Freude über den fröhlichen Abend auszudrücken, dann schreibt sich ein „bierseliger" Vers plötzlich wie der folgende fast von selbst.

Drohung
Schön war's bei Euch
und lustig war's auch.
Wir kommen gern wieder,
verlaßt euch drauf!

Susanne Miska

4. Gute Vorbereitung ist alles

Meist wissen Sie schon, bevor Sie einer Einladung Folge leisten, ob der Rahmen eher ernst oder ungezwungen sein wird. Auch die Gastgeber sind in den wenigsten Fällen unbekannt. Und Sie können oft schon im vornherein erahnen, ob Sie als Gast mit der Bitte um einen Eintrag ins Gästebuch oder um einen Trinkspruch rechnen müssen.

Wenn Sie sich vorher unsere Tips noch einmal durchlesen und sich ein paar kurze und knackige Verse oder Sprüche aussuchen, kann Sie eigentlich nichts mehr aus der Fassung bringen.

Nehmen Sie die Anerkennung, die man Ihnen ob Ihrer gelassenen Reaktion auf scheinbar unerwartete Überfälle mit Gästebuch oder Trinkspruch entgegenbringt, bescheiden lächelnd zur Kenntnis und genießen Sie das Lob. Ein bißchen Hochstapeln, finden wir, ist ganz legitim!

So, und nun hinein ins gereimte und gedichtete Vergnügen! Viel Spaß beim Schmökern, Aussuchen und Selberdichten von Reimen und Versen und viel Erfolg bei allem, was Sie künftig aufs Papier bringen müssen – seien es Grußkarten, Glückwünsche, Trinksprüche, Poesiealbum-Verse, Gästebuch-Eintragungen oder was sonst noch kommen möge.

Das wünschen Ihnen
Ihre Herausgeber

Kapitel 2

Schon jetzt, schon in der Wiege, sieht man die künftigen Siege.

Gustav Falke

Gereimtes für Geburt und Taufe

Du kleiner Mensch, ganz ohne Ahnung,
was Leben heißt und Leben ist,
Du bist uns eine ernste Mahnung,
weil Du des Lebens Sinnbild bist.
Drum wünsche ich Dir für Dein Leben:
laß Gott Dir Ziel und Richtung geben.

Volksmund

Ihm ruhen noch im Zeitenschoße
die schwarzen und die heitern Lose.
Der Mutterliebe zarte Sorgen,
bewachen seinen goldnen Morgen.

Friedrich von Schiller

Kinder erfrischen das Leben
und erfreuen das Herz.

Friedrich Daniel Ernst Schleiermacher

Vor Gott muß man sich beugen,
weil er so groß ist,
vor dem Kinde,
weil es so klein ist!

Peter Rosegger

Wir sollen es mit den Kindern machen
wie Gott mit uns, der uns am glücklichsten
macht, wenn er uns in freundlichem Wahne
so hintaumeln läßt.

Johann Wolfgang von Goethe

Glücklicher Säugling!
Dir ist ein unendlicher Raum noch die Wiege;
Werde Mann, und dir wird eng die unendliche Welt.

Friedrich von Schiller

Kinderland, du Zauberland,
Haus und Hof und Hecken.
Hinter blauer Wälderwand
spielt die Welt Verstecken.

Detlev von Liliencron

Sieh nicht, was andre tun,
der andern sind so viel,
Du kommst nur in ein Spiel,
das nimmermehr wird ruhn.
Geh einfach Gottes Pfad,
laß nichts sonst Führer sein,
so gehst Du recht und grad,
und gingst Du ganz allein.

Christian Morgenstern

Alle Kinder haben die märchenhafte Kraft,
sich in alles zu verwandeln,
was immer sie sich wünschen.

Jean Cocteau

Denn wir können die Kinder
nach unserem Sinne nicht formen;
so wie Gott sie uns gab,
so muß man sie haben und lieben.

Johann Wolfgang von Goethe

Ach lieber Herre Jesus Christ,
weil Du ein Kind gewesen bist,
so gib auch diesem Kindelein
die Gnad und auch den Segen Dein.
Ach Jesus, Herre mein,
behüt dies Kindelein.

Heinrich von Laufenberg

Die Mixtur, Mensch genannt,
ist wohl das tollste Ragout,
welches je einem himmlischen Kochbuch entschlüpfte.

Christian Ernst Graf von Bentzel-Sternau

Der Sinn des Lebens ist mehr
als das Leben selbst.

Stefan Zweig

Was eine Kinderseele
aus jedem Blick verspricht!
So reich ist doch an Hoffnung
ein ganzer Frühling nicht.

August Heinrich Hoffmann von Fallersleben

Leben ist Wandlung.
Man ist in jedem neuen Augenblicke etwas anderes,
als man bis jetzt war,
ist also niemals endgültig man selbst.

Ortega y Gasset

Wir bringen ein Kind zur Taufe.
Gott gebe, daß es bald laufe.
Wir wünschen, daß es gedeihe
und nicht so schreie.

Volksmund

Der Mensch ist das Modell der Welt.

Leonardo da Vinci

Niemand wird weise oder klug geboren.

Englisches Sprichwort

Wir wünschen euch und eurem Kinde
an Glück, soviel das Herz nur faßt.
Und ein Willkommensangebinde
sei Gruß dem neuen Erdengast.

Er soll ein braver Junge werden
und euch zur Freude gut gedeih'n.
Ihm leuchte im Gestrüpp der Erden
des Lebens schönster Sonnenschein.

Euch Eltern aber sei beschieden,
was ihr nur wünscht für euch und ihn.
Im kleinen Heim soll Lust und Frieden
bestehen als des Daseins Sinn!

Christian Friedrich Hebbel

Liebe Gäste, bleibt alle hier.
Hier ist heute Kindelbier.
Vater gibt ein Faß mit Bier.
Mutter gibt ein Gänschen her.
Vater fährt nach Engelland,
bringt dem Kind ein Wickelband.

Aus Preußen

Dein Geist wird dich leiten,
in jedem Augenblick das Rechte zu wirken.

Johann Wolfgang von Goethe

Wende dein Gesicht der Sonne zu,
dann fallen die Schatten hinter dich!

Aus Thailand

Ein Gruß aus frischer Knabenkehle,
ja mehr noch eines Kindes Lallen,
kann leuchtender in deine Seele
als Weisheit aller Weisen fallen.

Theodor Fontane

Kinder und Uhren dürfen nicht beständig aufgezogen werden, man muß sie auch gehen lassen.

Jean Paul

Was im weinenden Auge mir oft die Tränen
zurückhält, ist ein spielendes Kind oder
ein Vogel im Flug.

Justinus Kerner

Der Charakter ist das Schicksal des Menschen.

Heraklit

Kinder sind nicht nur freundliche Lichtstrahlen des Himmels und Gottesgrüße, sondern auch ernste Fragen aus der Ewigkeit und schwere Aufgabe für die Zukunft.

Friedrich Ernst Daniel Schleiermacher

Nichts verwirre dich,
nichts erschrecke dich,
alles geht vorüber.
Gott ändert sich nicht.
Die Geduld erreicht alles.
Wer Gott besitzt,
dem mangelt nichts.
Gott allein genügt.

Teresa von Ávila

Die Kinder kennen weder Vergangenheit noch Zukunft, und – was uns Erwachsenen kaum passieren kann – sie genießen die Gegenwart.

Jean de la Bruyère

Was du deinen Eltern schuldig bist, weißt du erst, wenn du selber ein Kind hast.

Sprichwort aus Japan

Leben ist das, was wir daraus machen.

Henry Miller

Nicht unser Hirn, sondern unser Herz denkt die größten Gedanken. Unser Herz aber oder unsere Seele oder der Kern unserer Persönlichkeit ist ein Funke aus dem Lebenslichtmeer Gottes.

Jean Paul

Denken, was wahr und fühlen, was schön und wollen, was gut ist, darin erkennt der Geist das Ziel des vernünftigen Lebens.

Johann Gottfried von Herder

Kinder sind Rätsel von Gott und schwerer als alle zu lösen,
aber der Liebe gelingt's, wenn sie sich selber bezwingt.

Christian Friedrich Hebbel

Ich will dich unterweisen
und dir den Weg zeigen,
den du gehn sollst.
Ich will dich mit meinen Augen leiten.

Psalm 32,8

Nun schreib ins Buch des Lebens
Herr, ihre Namen ein,
und laß sie nicht vergebens
Dir zugeführet sein.

Melchior Vulpius

Bedenk' es wohl, eh du sie taufst!
Bedeutsam sind die Namen;
Und fasse mir dein liebes Bild
Nun in den rechten Rahmen.
Denn ob der Nam' den Menschen macht,
Ob sich der Mensch den Namen,
Das ist, weshalb mir oft, mein Freund,
Bescheidene Zweifel kamen;
Eins aber weiß ich ganz gewiß,
Bedeutsam sind die Namen!
So schickt für Mädchen Lisbeth sich,
Elisabeth für Damen.
Auch fing sich oft ein Freier schon,
Dem Fischlein gleich am Hamen,
An einem ambraduftigen
Klanghaften Mädchennamen.

Theodor Storm

Mein Kind, du bist schon lang der Mutter aus den Wiegen;
Nun hilf dir selbst! Wie du dich bettest, wirst du liegen.
Die Flügel wuchsen dir; gebrauche sie zum Fliegen!
Der kommt nicht auf den Berg, wer nicht hinaufgestiegen;
Greif an die Schwierigkeit, so wirst du sie besiegen!

Friedrich Rückert

Der Zweck des Lebens ist das Leben selbst.

Johann Wolfgang von Goethe

Ohne Liebe zu sich selbst ist auch die Nächstenliebe unmöglich.

Hermann Hesse

Sich glücklich fühlen können,
auch ohne Glück
– das ist Glück.

Marie von Ebner-Eschenbach

Es gibt nur ein Glück: die Pflicht –
nur einen Trost: die Arbeit –
nur einen Genuß: das Schöne.

Carmen Sylva

Das Leben ist ein Spiel. Man macht keine größeren Gewinne, ohne Verluste zu riskieren.

Christina von Schweden

Kapitel 3

Dem Menschen einen Glauben schenken, heißt, seine Kraft verzehnfachen.

Gustav Le Bon

Die passenden Worte für Kommunion, Firmung und Konfirmation

Ich wünsche dir zur Kommunion,
daß Gott Vater und Gott Sohn
beschützen dich mit Segen
auf allen deinen Wegen.
Dann wanderst fromm und glücklich du
der Gold'nen Himmelspforte zu.

Ernst Moritz Arndt

Laß nicht zu, daß du jemandem begegnest, der nicht nach der Begegnung mit dir glücklicher geworden ist.

Mutter Teresa

Sei unbetört und unverstört!
Was zu des Lebens Glück gehört,
Hat dir ein Gott gegeben;
Und was er dir nicht gab, gehört,
o glaub es, nicht zum Leben.
Was du nicht hast, das ist die Last,
die du nicht aufgeladen hast;
du hast die Lust am Leben.
Sei unverstört und unbetört!
Was zu des Lebens Lust gehört,
Das hat dir Gott gegeben.

Friedrich Rückert

Weiß nicht, woher ich bin gekommen.
Weiß nicht, wohin ich werd genommen.
Doch weiß ich, daß da oben einer ist
mit einer Liebe, die mich nie vergißt.

Justinus Kerner

Alles fügt sich und erfüllt sich,
man muß es nur erwarten können
und dem Werden Deines Glückes
Jahr und Felder reichlich gönnen.

Christian Morgenstern

Wie groß die Finsternis auch sei,
wir sind immer dem Licht nahe.

Franz von Sales

Der Glaube hat nicht nur den Sinn, sondern die Freude in die Welt gebracht.

Paul Claudel

Klugheit wagt keinen hohen Flug,
hält sich in sicherem Gleise.
Ihr eigenes Wohl ist ihr genug –
Weisheit zieht größere Kreise.
Der weise Mann ist selten klug
und der kluge selten weise.

Friedrich von Bodenstedt

Wer einmal sich selbst gefunden,
der kann nichts auf dieser Welt
verlieren.

Stefan Zweig

Das Glück liegt nicht in den Dingen,
sondern in der Art und Weise,
wie sie zu unsern Augen,
zu unserm Herzen stimmen.

Jeremias Gotthelf

Kehr in dich still zurück,
ruh in dir selber aus,
so fühlst du höchstes Glück.

Friedrich Rückert

Mach es wie die Blümelein,
strebe zur Sonne, zum Licht,
achte der Stürme und Wetter nicht.
Ob lockeres Erdreich, ob felsiger Spalt,
fassen sie Wurzeln mit zäher Gewalt
und grünen und blühen.
Danach sollst Du trachten:
eig'ne Rechte mild zu üben,
fremde Rechte streng zu achten.

Emanuel Geibel

Der Gipfel menschlicher Erkenntnis ist es,
die Nichtigkeit des Irdischen zu erkennen.

Lord Byron

Die Welt ist voll von Gottes Segen;
Willst du ihn haben, ist er dein.
Du brauchst nur Hand und Fuß zu regen.
Du brauchst nur fromm und klug zu sein.

Friedrich Wilhelm Weber

Vertrauen ist Mut, und Treue ist Kraft.

Marie von Ebner-Eschenbach

Daß dein Leben Gestalt,
dein Gedanke Leben gewinne,
Laß die belebende Kraft
stets auch die bildende sein.

Johann Wolfgang von Goethe

Ich saß auf einem Steine
Und deckte Bein mit Beine,
Darauf setzt' ich den Ellenbogen
Und hat' in meine Hand gezogen
Mein Kinn und eine Wange.
Da dacht' ich sorglich lange,
Weshalb man auf der Welt sollt' leben.
Ich konnt' mir nicht die Antwort geben,
Wie man drei Ding' erwürbe,
Daß keins davon verdürbe.
Die zwei sind Ehr' und irdisch Gut,
das oft einander schaden tut,
Das dritt ist: Gott gefallen –
das wichtigste von allen.

Walther von der Vogelweide

Daß die Vögel des Kummers und der Sorge über deinem Haupt fliegen, kannst du nicht ändern. Aber daß sie Nester in deinem Haar bauen, das kannst du verhindern.

Aus China

Es ist das Herz, das gibt.
Die Hände geben nur her.

Aus Zaire

Leben ist, was uns zustößt, während wir uns etwas ganz anderes vorgenommen haben.

Henry Miller

Wenn ein Mensch mit Gott gut steht,
Der steht wohl, wenn's übel geht;
Denn er kann die höchsten Gaben,
Vater, Bruder, Tröster haben.

Friedrich von Logau

Das wahre Glück besteht
nicht in dem was man empfängt,
sondern in dem,
was man gibt.

Johannes I. Chrysostomos

Vieles Gewaltige lebt, doch nichts ist gewaltiger als der Mensch.

Sophokles

Wer wirklich gütig ist,
kann nie unglücklich sein;
wer wirklich weise ist,
kann nie verwirrt werden.
Wer wirklich tapfer ist,
fürchtet sich nie.

Konfuzius

Kapitel 4

Kummer sei lahm! Sorge, sei blind! Es lebe das Geburtstagskind!

Theodor Fontane

Alles Gute zum Geburtstag

Vielfach ist der Menschen Streben,
Ihre Unruh, ihr Verdruß;
Auch ist manches Gut gegeben,
Mancher liebliche Genuß;
Doch das größte Glück im Leben
Und der reichlichste Gewinn
Ist ein guter, leichter Sinn.

Johann Wolfgang von Goethe

Alt werden selbst des Königs schöne Wagen, und auch der Körper unterliegt dem Alter; nicht unterliegt ihm nur der Guten Tugend – dies künden samt und sonders uns die Guten.

Buddhistische Weisheit

Nicht der Mensch hat am meisten gelebt, welcher die höchsten Jahre zählt, sondern derjenige, welcher sein Leben am meisten empfunden hat.

Jean Jacques Rousseau

Will das Glück nach seinem Sinn
dir was Gutes schenken,
sage Dank und nimm es hin
ohne viel Bedenken.
Jede Gabe sei begrüßt,
doch vor allen Dingen:
Das, worum du dich bemühst,
möge dir gelingen.

Wilhelm Busch

Wie wenig ist am Ende der Lebensbahn daran gelegen, was wir erlebten,
und wie unendlich viel, was wir daraus machten.

Wilhelm von Humboldt

Alte Leute sind junge Menschen, die zufällig vor Dir älter wurden.

Günther Baruschke

Die meisten Menschen brauchen sehr lang, um jung zu werden.

Pablo Picasso

Gratulation

Aus der Ferne
Diesen Wunsch:
Glückliche Sterne
Und guten Punsch!

Jene für immer,
Diesen für heut –
Und nimm nichts schlimmer
Als Gott es beut.

Raffe dich, sammle dich,
Eins, zwei, drei,
Und verrammle dich
Gegen Hinschlepperei.

Brich, was nicht halten will,
Brich es entzwei!
Aber hältst du still –
Ist es vorbei.

Theodor Fontane

Muntre Gärten lieb ich mir,
Viele Blumen drinne,
Und du hast so einen hier,
Merk ich wohl, im Sinne.

Mögen Wünsche für dein Glück
Tausendfach erscheinen;
Grüße sie mit heitrem Blick,
Und voran die meinen.

Johann Wolfgang von Goethe

Die Sonne blickt mit hellem Schein
so freundlich in die Welt hinein.
Mach's ebenso!
Sei heiter und froh!

Der Baum streckt seine Äste vor;
zur Höhe strebt er kühn empor.
Mach's wie der Baum
im sonnigen Raum!

Die Quelle springt und rieselt fort,
zieht rasch und leicht von Ort zu Ort.
Mach's wie der Quell
und rege dich schnell!

Der Vogel singt sein Liedlein hell,
freut sich an Sonne, Baum und Quell.
Mach's ebenso!
Sei rüstig und froh!

Johann Gottfried Herder

In meinem Garten find ich
Viel Blumen, schön und fein,
Viel Kränze wohl daraus wind ich,
Und tausend Gedanken bind ich
Und Grüße mit darein.

Joseph von Eichendorff

Man kann nichts dagegen tun, daß man altert. Aber man kann sich dagegen wehren, daß man veraltet.

Lord Samuel

Das ganze Geheimnis,
sein Leben zu verlängern,
besteht darin,
es nicht zu verkürzen.

Ernst von Feuchtersleben

Lebe, wie du, wenn du stirbst,
wünschen wirst, gelebt zu haben.

Christian Fürchtegott Gellert

Heute Nacht
bin ich aufgewacht,
hat mir ein Engel
eine Botschaft gebracht.
Ich sinne hin,
ich sinne her,
was das wohl für
eine Botschaft wär.
Endlich fällt mirs ein:
Heut soll dein Geburtstag sein!

Aus Österreich

Zu Mutters Geburtstag

Du und dein Sohn,
Sie sind beide schon alt;
Doch blühen noch Rosen,
Und das Herz ist nicht kalt.

Theodor Storm

Ich wünsch dir so viel gute Zeit,
als Sand im breiten Meere leit.
Es soll dir so viel gut ergehn,
als Sternlein an dem Himmel stehn.
Es soll dich Gott sovielmal segnen,
als Tröpflein in sieben Jahren regnen.

Aus Süddeutschland

Da kommt mir eben so ein Freund
Mit einem großen Zwicker.
Ei, ruft er, Freundchen, wie mir scheint,
Sie werden immer dicker.

Ja, ja, man weiß oft selbst nicht wie,
So kommt man in die Jahre;
Pardon, mein Schatz, hier haben Sie
Schon eins, zwei graue Haare! –

Hinaus, verdammter Kritikus,
Sonst schmeiß ich dich in Scherben.
Du Schlingel willst mir den Genuß
Der Gegenwart verderben!

Wilhelm Busch

Das Schlimmste, was uns widerfährt,
Das werden wir vom Tag gelehrt.
Wer in dem Gestern Heute sah,
Dem geht das Heut' nicht allzu nah,
Und wer im Heute sieht das Morgen,
Der wird sich rühren, wird sich sorgen.

Johann Wolfgang von Goethe

An Frau Rebekkas Geburtstag

Ihr Leute, groß und klein, ihr wißt,
Daß heute unser Festtag ist
Und daß wir feiern müssen.
So fangt nur gleich frühmorgens an
Und bis die Stern am Himmel stahn,
Und singt und springt und springt und singt.

Denk heute niemand an Gefahr,
Und ob wir über hundert Jahr
Den Tag noch feiern werden.
Wir haben ihn ja heute noch,
Gott sei gelobt! So braucht ihn doch,
Und macht uns heut das Herz nicht krank und schwer.

Denn freilich! alles Ding vergeht,
Auch unser Festtag nicht besteht,
Er wird uns endlich fehlen.
Doch nicht so bald – fleht, und hofft,
Er soll noch wiederkommen oft,
Soll oft noch wiederkommen!!!

Matthias Claudius

Jeder, der sich die Fähigkeit erhält, Schönes zu erkennen, wird nie alt werden.

Franz Kafka

Wer wenig bedarf, kommt nicht in die Lage, auf vieles verzichten zu müssen.

Plutarch

Heut, Mamachen, ist's ein Jahr,
als wir froh zusammensaßen
und, da dein Geburtstag war,
von dem großen Kuchen aßen.
Damals war ich noch sehr dumm
konnt nicht lesen und nicht schreiben.
Doch jetzt dreht das Blatt sich um.
Immer dumm kann man nicht bleiben.
Nun, Mamachen, nimm zum Schluß
meinen schönsten Glückwunsch an
und dazu noch diesen Kuß,
weil ich sonst nichts geben kann.

Aus dem 19. Jahrhundert

Daß alles vergeht, weiß man schon in der Jugend; aber wie schnell alles vergeht, erfährt man erst im Alter.

Marie von Ebner-Eschenbach

Wenn die Zweige Wurzeln schlagen,
Wachsen, grünen, Früchte tragen,
Mögest du dem Angedenken
Deines Freunds ein Lächeln schenken.

Johann Wolfgang von Goethe

Die alten Leute geben gerne gute Verhaltensmaßregeln, um sich darüber zu trösten, daß sie nicht mehr imstande sind, schlechte Beispiele zu geben.

François La Rochefoucauld

Der besten Großmutter

Kaum daß ich selber gucke in die Welt,
Bin ich von meiner Mutter schon bestellt,
Dir zum Geburtstag auch zu gratulieren.
Ich merke wohl, man will mich nur vexieren,
Weil man mich wohl für dämlich hält.
Nun, in sechs Jahren werd' ich's besser machen;
Einstweilen dank' ich dir für deine guten Sachen,
Und daß du süße Schlotzer machst zur Pflicht,
Vergess' ich dir mein Lebtag nicht.

Gedicht, das Eduard Mörike seiner Tochter Fanny geschrieben hat, und das am 7. Mai 1855 der Großmutter, Frau Oberleutnant von Speeth, zum Geburtstag vorgetragen wurde.

Dem schönen Tag sei es geschrieben!
Oft glänze dir sein heitres Licht.
Uns hörest du nicht auf zu lieben,
Doch bitten wir: Vergiß uns nicht!

Johann Wolfgang von Goethe

Keine Grenze verlockt uns mehr zum Schmuggeln als die Altersgrenze.

Robert Musil

Vergiß nicht – man benötigt nur wenig, um ein glückliches Leben zu führen.

Marc Aurel

Sag selbst, was ich dir wünschen soll,
Ich weiß nichts zu erdenken.
Du hast ja Küch und Keller voll,
Nichts fehlt in deinen Schränken.

Friedrich von Schiller

Kapitel 5

Ein Datum kann noch so krumm sein, irgendwann wird eine runde Sache daraus.

Ulrich Greiner

Der runde Geburtstag – ein besonderes Vergnügen

Die ersten vierzig Jahre unseres Lebens liefern den Text, die folgenden dreißig den Kommentar dazu, der uns den wahren Sinn und Zusammenhang des Textes nebst der Moral und allen Feinheiten desselben erst recht verstehen lehrt.

Arthur Schopenhauer

Eine Ehrenkrone ist das Alter;
auf dem Weg der Gerechtigkeit
wird es gefunden.

Sprüche Salomon

Das Alter ist ein höflich Mann:
Einmal übers andre klopft er an,
Aber nun sagt niemand: Herein!
Und vor der Türe will er nicht sein.
Da klinkt er auf, tritt ein so schnell,
Und nun heißt's, er sei ein grober Gesell.

Johann Wolfgang von Goethe

Alt ist man erst dann, wenn man an der Vergangenheit mehr Freude hat als an der Zukunft.

John Knittel

Das Leben ist ein Raub,
das Leben eine Beute:
Wer weiß, wer's morgen nimmt!
Wer's hat, genieß' es heute!

Friedrich Rückert

Ein fröhliches Gemüt macht ein blühend Alter;
ein trauriger Geist vertrocknet die Gebeine.

Sprüche Salomon

Die Falten um die Stirne dein,
laß sie nur heiter ranken;
das sind die Narben, die darein
geschlagen die Gedanken.

Joseph Victor von Scheffel

Das Geheimnis des Lebens und das Geheimnis des Todes sind verschlossen in zwei Schatullen, von denen jede den Schlüssel zum Öffnen der anderen enthält

Mahatma Gandhi

Es heißt wohl: Vierzig Jahre ein Mann!
Doch Vierzig fängt die Fünfzig an.
Es liegt die frische Morgenzeit
Im Dunkel unter mir so weit.
Daß ich erschrecke, wenn ein Strahl
In diese Tiefe fällt einmal.
Schon weht ein Lüftlein von der Gruft,
Das bringt den Herbstresedaduft.

Theodor Storm

Erfahrung ist nicht das, was mit einem Menschen geschieht, sondern das, was er daraus macht.

Aldous Huxley

Glücklich, wem von allen Gaben
klaren Sinn die Götter gaben.

Sophokles

Welche Freude, wenn es heißt:
Alter, du bist alt an Haaren,
blühend aber ist dein Geist.

Gotthold Ephraim Lessing

Jeder, der sich die Fähigkeit erhält, Schönes zu erkennen, wird nie alt werden.

Franz Kafka

Lassen Sie uns hübsch diese Jahre
daher als Geschenk annehmen,
wie wir überhaupt unser ganzes Leben
anzusehen haben, und jedes Jahr,
das zugelegt wird, mit Dank erkennen.

Johann Wolfgang von Goethe

Des Menschen Alter:
Ein Kind vergißt sich selbst;
ein Knabe kennt sich nicht;
ein Jüngling acht' sich schlecht;
ein Mann hat immer Pflicht;
ein Alter nimmt Verdruß;
ein Greis wird wieder Kind –
Was meinst Du, was doch dies
für Herrlichkeiten sind.

Friedrich von Logau

Wer im zwanzigsten Jahr nicht schön,
im dreißigsten nicht stark,
im vierzigsten nicht klug,
im fünfzigsten nicht reich ist,
der darf danach nicht hoffen.

Martin Luther

Und sind die Blumen abgeblüht,
so brecht der Äpfel goldne Bälle!
Hin ist die Zeit der Schwärmerei,
nun schätzt endlich das Reelle!

Theodor Storm

Keine Kunst ist's, alt zu werden,
Es ist Kunst, es zu ertragen.

Johann Wolfgang von Goethe

Mit 20 hat jeder das Gesicht,
das Gott ihm gegeben hat,
mit 40 das Gesicht,
das ihm das Leben gegeben hat,
und mit 60 das Gesicht, das er verdient.

Albert Schweitzer

Nicht das langdauernde Alter ist der Ehre wert, und nicht nach der Zahl der Jahre wird es gemessen, als altersgrau gelte vielmehr Weisheit bei den Menschen, und als Greisenalter ein fleckenloses Leben.

Sprüche Salomon

Späte Freuden sind die schönsten.
Sie stehen zwischen entschwindender Sehnsucht und kommendem Frieden.

Marie von Ebner-Eschenbach

Nichts Schnelleres gibt's als die Jahre.

Ovid

Das Geheimnis eines schönen Alters
ist der würdige Umgang mit der Einsamkeit.

Gabriel García Màrquez

Ich finde das Alter nicht arm an Freuden;
Farben und Quellen dieser Freuden sind nur anders.

Wilhelm von Humboldt

Wie alt man gerade geworden ist,
sieht man an den Gesichtern derer,
die man jung gekannt hat.

Heinrich Böll

Ich hatte schon immer den Verdacht, daß das Ausblasen der Kerzen auf der Geburtstagstorte ein getarnter Gesundheitstest für die Versicherung ist.

Katharine Hepburn

Kluge Menschen verstehen es, den Abschied von der Jugend auf mehrere Jahrzehnte zu verteilen.

Françoise Rosay

Kapitel 6

Die Mütter geben unserem Geist Wärme, die Väter Licht.

Jean Paul

Kein Muttertag und Vatertag ohne den passenden Vers

So komme, was da kommen mag!
Solang du lebest, ist es Tag.

Und geht es in die Welt hinaus,
Wo du mir bist, bin ich zu Haus.

Ich seh dein liebes Angesicht,
Ich seh die Schatten der Zukunft nicht.

Theodor Storm

Wohl dem, der seiner Väter gern gedenkt,
der froh von ihren Taten, ihrer Größe
den Hörer unterhält und still sich freuend
am Ende dieser schönen Reihe
sich geschlossen sieht!

Johann Wolfgang von Goethe

Denk an das Aug', das, überwacht,
Noch eine Freude dir bereitet;
Denk an die Hand, die manche Nacht
Dein warmes Lager dir bereitet.

Annette von Droste-Hülshoff

Zum heutigen frohen Feste
wünsch ich von Herzen dir
das Schönste und das Beste
und deine Liebe mir.

Volksgut

Liebe der Eltern flackert nicht umher wie Liebe junger Herzen, sie sitzt tief und bleibt beständig, und wenn sie auch einmal in den Winkel gestampft wird, so bricht sie immer wieder hervor.

Gustav Freytag

Mutterliebe, man nennt dich des Lebens Höchstes! So wird jedem, wie schnell er auch stirbt, dennoch sein Höchstes zuteil!

Christian Friedrich Hebbel

Es gibt nur eine ganz selbstlose, ganz reine, ganz göttliche Liebe, und das ist die Liebe der Mutter für ihr Kind.

Georg Ebers

Jedermann liebt das am stärksten, was ihm am meisten Mühe gekostet hat – darum sind auch die Mütter kinderliebender als die Väter; denn das Gebären kostet mehr Mühe.

Aristoteles

Die Mutter trägt im Leibe
das Kind dreiviertel Jahr;
die Mutter trägt auf Armen
das Kind, weil's schwach noch war;
die Mutter trägt im Herzen
die Kinder immerdar.

Friedrich von Logau

Ich bin meiner Mutter einzig Kind,
und weil die andern ausblieben sind,
– was weiß ich wieviel, die sechs oder sieben –
ist eben alles an mir hängen blieben:
Ich hab' müssen die Liebe, die Treue, die Güte
für ein halbes Dutzend allein aufessen;
ich will's mein Lebtag nicht vergessen!
Es hätte mir aber auch wohl mögen frommen,
hätt' ich nur auch Schläge für sechs bekommen.

Eduard Mörike

Nur eine Mutter weiß allein,
was lieben heißt und glücklich sein.

Adalbert von Chamisso

Liebe Mutter, nun hab acht,
was Dir Dein kleiner Sohn gebracht.
Gewünscht hast Du's schon lange Dir,
so nimm es freundlich an von mir,
es mag Dir lieb und nützlich sein
und beim Gebrauch gedenke mein.

Volksmund

Weil Gott nicht
überall sein konnte,
schuf er die Mutter.

Arabisches Sprichwort

An die Eltern

Ihr lieben Eltern, euer Mühen,
O sprecht! wie danken wir es euch,
Die ihr vom Morgen an, vom frühen,
Gesorgt für uns so liebereich;

Wir danken alles, was wir haben,
Euch, eurer treuen Lieb' allein
Sie schmückte reichlich uns mit Gaben,
Sie war uns Glück und Sonnenschein.

Verfasser unbekannt

Leicht ist es, ein Reich zu regieren,
aber schwer eine Familie.

Chinesisches Sprichwort

Liebe Mutter, nimm als Gabe,
diese bunten Blumen an.
Sie sind alles, was ich habe,
alles, was ich geben kann.

Volksmund

Was ich bin, was ich gelernt,
was ich hab verstehen müssen,
all das, Mutter, dank ich Dir!
Nimm drum diesen Gruß von mir.

Verfasser unbekannt

Du heiliges welterlösendes Licht!
Schlechte Söhne werden
geboren auf Erden,
eine schlechte Mutter findet man nicht!

Shankara

Die Mutter liebt die Kinder mehr als der Vater; denn sie weiß, daß es ihre Kinder sind. Dieser glaubt es nur.

Menander

Zum Vatertag

Vater werden ist nicht schwer,
Vater sein dagegen sehr.

Wilhelm Busch

An meine Mutter

So gern hätt ich ein schönes Lied gemacht
von deiner Liebe, deiner treuen Weise;
die Gabe, die für andre immer wacht,
hätt ich so gern geweckt zu deinem Preise.

Doch wie ich auch gesonnen mehr und mehr,
und wie ich auch die Reime mochte stellen,
des Herzens Fluten wallten drüber her,
zerstörten mir des Liedes zarte Wellen.

So nimm die einfach schlichte Gabe hin,
von einfach ungeschmücktem Wort getragen,
und meine ganze Seele nimm darin:
Wo man am meisten fühlt, weiß man nicht viel zu sagen.

Annette von Droste-Hülshoff

Und wenn die Welt ein Tintenfaß wär
und der Himmel aus Pergament
und auf jedem Stern ein Schreiberling wär,
der da schriebe mit Füßen und Händ
und schriebe so fort bis in den Advent:
Meine Treue und Liebe
hätten noch lange kein End!

Aus Österreich

Die Wurzeln erzählen den Zweigen nicht,
was sie von ihnen halten.

Aus Zaire

Die Liebe zu Gott macht heilig,
die Liebe zum Weibe macht glücklich,
die Liebe zum Kinde macht selig.

Peter Rosegger

O Du, die mir die Liebste war,
Du schläfst nun schon so manches Jahr.
So manches Jahr, da ich allein,
Du gutes Herz, gedenk ich Dein.

Gedenk ich Dein, von Nacht umhüllt,
so tritt zu mir Dein treues Bild.
Dein treues Bild, was ich auch tu,
es winkt mir ab, es winkt mir zu.

Und scheint mein Wort Dir gar zu kühn,
nicht gut mein Tun,
Du hast mir einst so oft verziehn,
verzeih auch nun.

Wilhelm Busch

Ich habe mein Leben lang Angst gehabt,
so zu werden wie mein Vater.
Jetzt bin ich so,
und es ist gar nicht so schlimm.

Manfred Krug

Ich bin noch viel zu klein,
mir fällt kein Verslein ein.

Volksmund

Das Haus ist wohl gegründet,
in dem sich ein Knab oder Mägdlein findet,
das weiß mit redlichem Bemühn
der Eltern Fehler zurecht zu ziehn.

Johann Wolfgang von Goethe

Wenn Eltern Kinder wohl erzieh'n
Und ihnen guten Namen lassen,
So ist es gut, so ist es mehr,
Als Geld und Gold in Kasten fassen.

Friedrich von Logau

Wie oft sah ich die blassen Hände nähen,
Ein Stück für mich – wie liebevoll du sorgtest!
Ich sah zum Himmel deine Augen flehen,
Ein Wunsch für mich – wie liebevoll du sorgtest!
Und an mein Bett kamst du mit leisen Zehen,
Ein Schutz für mich – wie liebevoll du sorgtest!

Detlev von Liliencron

Heut' an diesem Freudentag
Will ich mich dir ganz verschreiben.
Wegen deiner Müh' und Plag'
will ich sogar ledig bleiben.
Daß ich sie dir lohnen mag,
wenn du dich zur Ruhe setzt.
Ich versprech' an diesem Tag:
Ich stets dir helfen werde jetzt.

Eduard Mörike

Die Welt durchwandernd fand ich allerwärts:
Kein Herz kann lieben wie ein Mutterherz.

Friedrich von Bodenstedt

Ein Blumenstrauß für Mutterliebe –
das ist ein sehr geringer Dank.
Würd'st Du mir glauben, wenn ich schriebe,
daß ich Dich lieb' mein Leben lang?

Verfasser unbekannt

Gehn die Väter nackt,
so werden die Kinder blind.
Kommen sie geldbepackt,
wie artig scheint das Kind.

William Shakespeare

Und ob der Maien stürmen will
mit Regenguß und Hagelschlag
wie ein verspäteter April:
Er hat doch einen schönen Tag.
Hat einen Tag, der schlimme Mai,
viel lieber als das ganze Jahr,
und wo es schien mir einerlei,
ob trüb der Himmel oder klar.
Und ist er trübe auch, ich fand
mein Sträußlein doch in Wald und Ried
und kann doch küssen Deine Hand
und sagen Dir ein schlichtes Lied.

Annette von Droste-Hülshoff

Die Mutterliebe

Ein Kleinod ist das allerbest',
Das pfleg' ich wohl und halt' es fest
Und halt' es hoch in Ehren:
Das ist die Mutterliebe gut,
Die gibt mir immer neuen Mut
In allen Lebensschweren.

Und ist dein Herz so freudenleer,
Und ist dein Aug' so tränenschwer,
Bick in ihr Aug' hinein:
Das hat gar lichten, hellen Strahl
Und trocknet die Tränen allzumal
Wie Frühlings-Sonnenschein.

Und wenn einst die Trompete bläst,
Und wenn du früh zu sterben gehst,
Vom Reitersäbel hingemäht:
Die Mutter gib dir als Geleit,
Als bestes für die Ewigkeit,
Ein Trän' und ihr Gebet. –

Und der dies Lied sich hat gemacht,
Hat viel an seine Mutter gedacht
Im stillen Heimathaus.
Er war ein wildverwegener Knab',
Dem sie noch ihren Segen gab
Mit in die Fern' hinaus.

Joseph Victor von Scheffel

Kapitel 7

Im Grunde sind es immer die Verbindungen mit Menschen, die dem Leben seinen Wert geben.

Wilhelm von Humboldt

Die Verlobung – eine Herausforderung für jeden Verseschmied

Vertragt euch!
Einer sorge für den andern!
Dies schöne Glück, es raubt es kein Tyrann;
Der beste Fürst vermag es nicht zu geben.

Johann Wolfgang von Goethe

Du hattest kein Glück und ich hatte keins;
wir nahmen einander, nun haben wir eins.
Wo haben wir es denn hergenonnen?
Es ist vom Himmel auf uns gekommen.

Friedrich Rückert

Denn wo das Strenge mit dem Zarten,
wo Starkes sich und Mildes paarten,
da gibt es einen guten Klang.
Drum prüfe, wer sich ewig bindet,
ob sich das Herz zum Herzen findet!
Der Wahn ist kurz, die Reu ist lang.

Friedrich von Schiller

Wer doch den trüben Wahn erfunden,
daß keine Seele glücklich sei!
Ich war's; ich bin's! in reichen Stunden
von aller kleinen Trübsal frei.

Christian Morgenstern

O zarte Sehnsucht, süßes Hoffen,
der ersten Lieb goldne Zeit!
Das Auge sieht den Himmel offen,
es schwelgt das Herz in Seligkeit.

Friedrich von Schiller

Das Glück ist nur die Liebe.
Die Liebe ist das Glück.

Adalbert von Chamisso

Die Liebe allein versteht das Geheimnis, andere zu beschenken und dabei selbst reich zu werden

Clemens Brentano

Was das für ein Gezwitscher ist!
Durchs Blau die Schwalben zucken
und schrein: Sie haben sich geküßt!
Vom Baum Rotkehlchen gucken.
Der Storch stolziert auf einem Bein:
Da muß ich fischen gehen.
Der Abend wie im Traum darein
schaut von den stillen Höhen.

Joseph von Eichendorff

Freiwillige Abhängigkeit ist der schönste Zustand – und wie wäre der möglich ohne Liebe?

Johann Wolfgang von Goethe

Einer Braut

– Die Liebe
Welch lieblicher Dunst;
Doch in der Ehe
Da steckt die Kunst

Theodor Storm

Lieb' ist ein Hauch, den Seufzerdämpf' erzeugten,
geschürt, ein Feu'r, von dem die Augen leuchten,
gequält, ein Meer, von Tränen angeschwellt.
Was ist sie sonst? Verständ'ge Raserei
und ekle Gall und süße Spezerei.

William Shakespeare

Freundschaft und Liebe erzeugen das Glück des menschlichen Lebens. Wie zwei Lippen den Kuß, welcher die Seelen entrückt.

Christian Friedrich Hebbel

Ratsam ist und bleibt es immer
Für ein junges Frauenzimmer,
Einen Mann sich zu erwählen
Und wo möglich zu vermählen.

Erstens: will es so der Brauch.
Zweitens: will man's selber auch.
Drittens: man bedarf der Leitung
Und der männlichen Begleitung;

Weil bekanntlich manche Sachen,
Welche große Freude machen,
Mädchen nicht allein verstehn;
Als da ist: ins Wirtshaus gehn.

Freilich oft, wenn man auch möchte,
Findet sich nicht gleich der Rechte;
Und derweil man so allein,
Sucht man sonst sich zu zerstreun.

Wilhelm Busch

Das Leben ist wundervoll.
Es gibt Augenblicke,
da möchte man sterben.
Aber dann geschieht etwas Neues,
und man glaubt, man sei im Himmel.

Edith Piaf

Tadelt man, daß wir uns lieben,
dürfen wir uns nicht betrüben:
Tadel ist von keiner Kraft.
Andern Dingen mag das gelten;
kein Mißbilligen, kein Schelten
macht die Liebe tadelhaft.

Johann Wolfgang von Goethe

Es ist wohl ein Glück, wenn man andrer Menschen Gedanken widerlieset und fröhlich entdeckt, daß man doch ahnt, was das Glück bedeutet.

Theodor Fontane

Soviel in dir die Liebe wächst, soviel wächst die Schönheit in dir. Denn die Liebe ist die Schönheit der Seele.

Augustinus

Freudvoll
und leidvoll,
gedankenvoll sein;
langen
und bangen
in schwebender Pein;
himmelhochjauchzend,
zu Tode betrübt:
Glücklich allein
ist die Seele, die liebt.

Johann Wolfgang von Goethe

Selig durch die Liebe
Götter – durch die Liebe
Menschen Göttern gleich!
Liebe macht den Himmel
Himmlischer – die Erde
Zu dem Himmelreich.

Friedrich von Schiller

Verlobungszeit ist schönste Zeit;
Liebe wächst und Gemeinsamkeit.
Wir wünschen, daß ihr stets findet,
was immer fester Euch zusammenbindet!

Johann Wolfgang von Goethe

Mir ist, als müßt ich singen
So recht aus tiefster Lust
Von wunderbaren Dingen,
Was niemand sonst bewußt.

O könnt ich alles sagen!
O wär ich recht geschickt!
So muß ich still ertragen,
Was mich so hoch beglückt.

Joseph von Eichendorff

Die Liebe ist das Wohlgefallen am Guten; das Gute ist der einzige Grund der Liebe. Lieben heißt: jemandem Gutes tun wollen.

Thomas von Aquin

Liebes-Noten

Wahres Lieben, süßes Leben,
wo zwei Herzen eins nur sind,
wie zwei Turteltäublein schweben,
die ein treues Band verbind,
wo die Lieb den Chor anstimmet,
und die Treue gibt den Takt,
in dem Blut die Freude schwimmet,
und der Puls auf Lauten schlagt.

Des Knaben Wunderhorn

Ein kleines Lied!

Wie gehts nur an,
Daß man so lieb es haben kann,
Was liegt darin? Erzähle!
Es liegt darin ein wenig Klang,
Ein wenig Wohllaut und Gesang,
Und eine ganze Seele.

Marie von Ebner-Eschenbach

Wer je gelebt in Liebesarmen,
der kann im Leben nie verarmen.

Theodor Storm

Oh, daß sie ewig grünen bliebe,
die schöne Zeit der jungen Liebe.

Friedrich von Schiller

Haben die Götter es also versehen,
Liebet euch lieblich, ich willige zu,
Wollet euch ehrlich und ehlich begehen,
Mehren und ehren in lieblicher Ruh.

Des Knaben Wunderhorn

Kapitel 8

Heiraten ist eine wunderbare Sache, solange es nicht zur Gewohnheit wird.

William Somerset Maugham

Was gibt es Schöneres, als zur Hochzeit zu gratulieren?

Mit jemand leben oder in jemand leben, ist ein großer Unterschied. Es gibt Menschen, in denen man leben kann, ohne mit ihnen zu leben, und umgekehrt. Beides zu verbinden, ist nur der reinsten Liebe und Freundschaft möglich.

Johann Wolfgang von Goethe

Soweit die Erde Himmel sein kann,
soweit ist sie es in einer glücklichen Ehe.

Marie von Ebner-Eschenbach

Ach! Des Lebens schönste Feier
endigt auch den Lebensmai,
mit dem Gürtel, mit dem Schleier
reißt der schöne Wahn entzwei.
Die Leidenschaft flieht,
die Liebe muß bleiben.
Die Blume verblüht,
die Frucht muß treiben.

Friedrich von Schiller

O glücklich, wer ein Herz gefunden,
das nur in Liebe denkt und sinnt
und, mit der Liebe treu verbunden,
sein schön'res Leben erst beginnt!
Wo liebend sich zwei Herzen einen,
nur eins zu sein in Freud' und Leid,
da muß des Himmels Sonne scheinen
und heiter lächeln jede Zeit!

August Heinrich Hoffmann von Fallersleben

Es ist schon schwer: ein Leben zu zwein.
Nur eins ist schwerer: einsam sein.

Kurt Tucholsky

Die Ehe ist ein Zustand, in dem es zwei Leute weder mit- noch ohne einander längere Zeit aushalten können.

Marie von Ebner-Eschenbach

O wie lieblich, o wie schicklich,
sozusagen herzerquicklich
ist es doch für eine Gegend,
wenn zwei Leute, die vermögend,
außerdem mit sich zufrieden,
aber von Geschlecht verschieden,
wenn nun diese, sage ich, ihre
dazu nötigen Papiere
sowie auch die Haushaltssachen
endlich mal in Ordnung machen
und in Ehren und beizeiten
hin zum Standesamte schreiten,
wie es denen, welche lieben,
vom Gesetze vorgeschrieben,
dann ruft jeder freudiglich:
Gott sei Dank! Sie haben sich!

Wilhelm Busch

Welch ein Glück! welch ein Genuß für den Geber und Empfänger! welche überirdische Glückseligkeit gewährt uns die Treue! Sie gibt dem vorübergehenden Zustande des Menschen gleichsam eine himmlische Gewißheit. Diese ist es, die unsere ganze Glückseligkeit ausmacht, die das Hauptkapital unseres Reichtums ist.

Johann Wolfgang von Goethe

Geteilte Freude ist doppelte Freude,
Geteilter Schmerz ist halber Schmerz.

Christoph August Tiedge

Segenswunsch für das Brautpaar

Bewahret einander vor Herzeleid.
Kurz ist die Zeit, die ihr beisammen seid!
Und wenn auch Jahre euch vereinen,
einst werden sie euch wie Minuten erscheinen.

Aus Westdeutschland

Sie hat nichts und du desgleichen;
Dennoch wollt ihr, wie ich sehe,
Zu dem Bund der heil'gen Ehe
Euch bereits die Hände reichen.
Kinder, seid ihr denn bei Sinnen?
Überlegt euch das Kapitel!
Ohne die gehör'gen Mittel
Soll man keinen Krieg beginnen.

Wilhelm Busch

Das Herz der treuen Gattin, das Herz des Gatten ganz sein eigen nennen zu können, in einem Herzen sich einzig und ohne Ende geliebt zu wissen, ist doch das süßeste Glück der Erde.

Adalbert Stifter

Das ist der Liebe heiliger Götterstrahl,
der in die Seele schlägt und trifft und zündet.
Wenn sich Verwandtes zum Verwandten findet,
da ist kein Widerstand und keine Wahl:
Es löst der Mensch nicht, was der Himmel bindet.

Friedrich von Schiller

Die Ehe ist das beste aller Übel.

Daliah Lavi

Ihr seid nun eins, ihr beide,
und wir sind mit euch eins.
Trinkt auf der Freude Dauer
ein Glas des guten Weins!
Und bleibt zu allen Zeiten
einander zugekehrt,
durch Streit und Zwietracht werde
nie euer Bund gestört.

Johann Wolfgang von Goethe

Seid glücklich hier und dort, seid selig denn gepreist,
Ihr, die man heute Braut und Bräutigam euch heißt!
Seid morgen Mann und Frau, seid Eltern übers Jahr;
So habt ihr denn erlangt, was zu erlangen war.

Friedrich von Logau

Die Liebe ist das Wohlgefallen am Guten; das Gute ist der einzige Grund der Liebe. Lieben heißt: jemandem Gutes tun wollen.

Thomas von Aquin

Heirate oder heirate nicht.
Du wirst beides bereuen.

Sokrates

Machet Euch fröhlich,
machet Euch ehlich,
Lasset die Narren
einsam verharren.

Des Knaben Wunderhorn

Was sich verbinden will fürs Erdenleben,
wird durchs Gesetz zusammen hier gegeben,
und wie Geburt und Tod im Lauf der Zeit
Geschlecht allmählich um Geschlecht erneut,
das wird an dieser Stätte eingetragen
zu Urkund und Gedächtnis spätern Tagen.
So geht mein ganzes München ein und aus.
Mög' Gott es segnen – segnen dieses Haus.

Sinnspruch am Münchner Rathaus

Heiraten ist leicht,
Haushalten schwer.

Karl Simrock

... ich merke wohl, im Ehestand muß man sich manchmal streiten, denn dadurch erfährt man was voneinander.

Johann Wolfgang von Goethe

Eifersucht ist Angst vor dem Vergleich.

Max Frisch

Selig sind die Auserwählten,
Die sich liebten und Vermählten;
Denn sie tragen hübsche Früchte.
Und so wuchert die Geschichte
Sichtbarlich von Ort zu Ort.
Doch die braven Junggesellen,
Jungfern ohne Ehestellen,
Welche ohne Leibeserben
So als Blattgewächse sterben,
Pflanzen sich durch Knollen fort.

Wilhelm Busch

Heut ist mir alles herrlich;
wenn's nur bliebe!
Ich sehe heute alles
durchs Augenglas der Liebe.

Johann Wolfgang von Goethe

Für den Wert des Menschen ist
die Güte des Charakters das Höchste,
aber für das Zusammenleben ist
Humor und Temperament beinahe noch wichtiger.

Franz Grillparzer

Aus Liebe und Vernunft zu frein,
wie sollt' das nicht dasselbe sein,
da es doch nichts so Vernünftiges gibt,
als eine zu frein, die man liebt?

Paul Heyse

Ihr kennt ihn doch schon manches Jahr,
Wißt, was es für ein Vogel war;
Wie er in allen Gartenräumen
Herumgeflattert auf den Bäumen;
Wie er die hübschen roten Beeren,
Die andern Leuten zugehören,
Mit seinem Schnabel angepickt
Und sich ganz lasterhaft erquickt.
Nun hat sich dieser böse Näscher,
Gardinenschleicher, Mädchenhäscher,
Der manchen Biedermann gequält,
Am Ende selber noch vermählt.
Nun legt er seine Stirn in Falten,
Fängt eine Predigt an zu halten
Und möchte uns von Tugend schwatzen.
Ei, so ein alter Schlingel! Kaum
Hat er 'nen eigenen Kirschenbaum,
So schimpft er auf die Spatzen.

Wilhelm Busch

Warum wird gefreit?

Der erste freit um die Dukaten,
der zweite um ein schön Gesicht.
Der dritte kann nicht länger warten,
der vierte, weil Mama so spricht.
Der fünfte ist nicht gern allein,
der sechste will doch auch mal frein.
Der siebente und achte sind so dumm,
die wissen selber nicht warum.

Aus Preußen

Ehen werden im Himmel geschlossen,
aber daß sie gut geraten,
darauf wird dort nicht gesehen.

Marie von Ebner-Eschenbach

Die Hochzeit ist die einzige lebenslängliche Verurteilung, bei der man aufgrund schlechter Führung begnadigt werden kann.

Alfred Hitchcock

Guter Rat

Hat versalzen Dir die Suppe
Deine Frau, bezähm die Wut,
sag ihr lächelnd; „Süße Puppe,
alles, was Du kochst, ist gut."

Heinrich Heine

Angedenken an das Gute

Hält uns immer frisch bei Mute.
Angedenken an das Schöne
Ist das Heil der Erdensöhne.
Angedenken an das Liebe,
Glücklich! wenn's lebendig bliebe.
Angedenken an das Eine
Bleibt das Beste, was ich meine.

Johann Wolfgang von Goethe

Verspäteter Hochzeitsgruß

Die Muse fehlt nicht selten,
wenn man sie eben will.
Sie schweift in fernen Welten,
und nirgends hält sie still.
Die Schwärmerin verträumet
gar oft den Glockenschlag.
Was sag ich? Sie versäumet
selbst einen Hochzeitstag.
So auch zu eurem Feste
erscheinet sie zu spät
und bittet nun aufs beste,
daß ihr sie nicht verschmäht.
Des schönsten Glückes Schimmer
erglänzt euch eben dann,
wenn man euch jetzt und immer
ein Brautlied singen kann.

Ludwig Uhland

Die Lieb' ist wie ein Wiegenlied,
es lullt dich lieblich ein;
doch schläfst du kaum,
so schweigt das Lied, und du erwachst allein.

Theodor Storm

Liebe ist kein Solo,
Liebe ist ein Duett.
Schwindet sie bei einem,
verstummt das Lied.

Adalbert von Chamisso

Die Ehe ist ein Versuch, zu zweit mit den Problemen fertig zu werden, die man allein niemals gehabt hätte.

Eli Cantor

Die Liebe stirbt niemals an Hunger,
wohl aber an Übersättigung.

Ninon de Lanclos

Heiraten ist die erste Dummheit, die man begeht, wenn man vernünftig geworden ist.

Karl Friedrich Wilhelm Wanderer

Wer liebt, des Auge schaut den Adler blind.
Wer liebt, des Ohr vernimmt den schwächsten Laut,
wo selbst des Diebs argwöhnisch Horchen taub ist.
Die Liebe fühlt empfindlicher und feiner
als der beschalten Schnecke zartes Horn.
Schmeckt sie, wird Bacchus' leckere Zunge stumpf.

William Shakespeare

Ehe ist und bleibt die wichtigste Entdeckungsreise, die der Mensch unternehmen kann.

Sören Kierkegaard

Fang jetzt an zu leben,
und zähle jeden Tag als
ein Leben für dich.

Seneca

Ich habe heute ein paar Blumen
für dich nicht gepflückt,
um dir ihr Leben mitzubringen.

Christian Morgenstern

Kapitel 9

Liebe besteht nicht darin, daß man einander ansieht, sondern, daß man gemeinsam in die gleiche Richtung blickt.

Antoine de Saint-Exupéry

Herzliche Worte zum Ehejubiläum

Ein Eh–stand ist alsdann beglückt,
wenn eins sich in das andre schickt,
wenn eins das andre liebt und scheut,
er nicht befiehlt, sie nicht gebeut,
und beide so behutsam sein,
als wollten–s erst einander frei–n.

Christian Fürchtegott Gellert

In der Ehe muß man einen unaufhörlichen Kampf gegen ein Ungeheuer führen,
das alles verschlingt: die Gewohnheit.

Honoré de Balzac

Ehe ist nie ein Letztes, sondern Gelegenheit zum Reifwerden.

Johann Wolfgang von Goethe

Entsinnst du dich der kleinsten Tollheit nicht,
in welche dich die Liebe je gestürzt,
so hast du nicht geliebt.
Und hast du nicht gesessen wie ich jetzt,
den Hörer mit der Liebsten Preis ermüdend,
so hast du nicht geliebt.
Und brachst du nicht von der Gesellschaft los,
mit eins, wie jetzt die Leidenschaft mich heißt,
so hast du nicht geliebt.

William Shakespeare

So vor fünfundzwanzig Jahren
standet ihr am Traualtar,
und der Zukunft Tage waren
euch und andern noch nicht klar.

Aber heut im Freundeskreise
schaut ihr zurück auf eure Reise,
für das Ziel, das nicht mehr Schein,
stehen Kind und Enkel ein.

Der Liebe Melodienschatz,
er wechselt wie im Fluge,
die Ehe bleibt im gleichen Satz,
ihr wird die Zeit zur Fuge.

Franz Grillparzer

Das wahre Eheglück schlägt in der Regel erst dann aus,
wenn die ersten Rosen verblüht sind.

Adolph Kolping

Ich bin klein, mein Wunsch ist klein:
Das Silberpaar soll glücklich sein.
Was wir heut mit Silber kränzen,
möge einst im Golde glänzen!

Volksgut

Einen Menschen lieben heißt einwilligen,
mit ihm alt zu werden.

Albert Camus

Die gute Ehe ist ein ewiger Brautstand.

Theodor Körner

Zweifle an der Sonne Klarheit,
Zweifle an der Sterne Licht,
Zweifl', ob lügen kann die Wahrheit,
Nur an meiner Liebe nicht.

William Shakespeare

Liebe hat kein Alter.

Blaise Pascal

Zur Silberhochzeit

Goldmacher sind verrufen schier,
wie wohl ein jeder weiß.
Doch bleiben zwei, die längst erprobt:
Die Ehe und der Fleiß.
Der Fleiß macht Gold. Nicht jeder triffts.
Man plagt sich früh und spat
und dankt zuletzt dem lieben Gott,
wenn man sein Auskomm hat.
Die Ehe ist viel besser dran,
sie braucht nicht Glück. Nur Zeit:
Nach fünfundzwanzig Jahren ist
sie silbern so wie heut!
Noch fünfundzwanzig (ihr sollt sehn,
ich lad euch freundlich ein),
so wird sie (wie jetzt silbern nur),
so wird sie golden sein!
Wer Lieb und Treu im Herzen trägt
und wenn sie Gleiches weiht,
für den ist, wie der Weltsturm braust,
noch heut die goldne Zeit.

Franz Grillparzer

Wie soll ich fliehen?
Wälderwärts ziehen?
Alles vergebens!
Krone des Lebens,
Glück ohne Ruh,
Liebe, bist du!

Johann Wolfgang von Goethe

Und war das Band, das euch verbunden,
Gefühlvoll, warm und heilig rein,
So laßt die letzte eurer Stunden
Wie eure erste heiter sein.

Johann Wolfgang von Goethe

Die Liebe, wenn sie neu,
braust wie ein junger Wein:
Je mehr sie alt und klar,
je stiller wird sie sein.

Angelus Silesius

Liebe, die von Herzen liebt,
ist am reichsten, wenn sie gibt.
Liebe, die von Opfern spricht,
ist die rechte Liebe nicht.

Emanuel Geibel

Das größte Glück, nächst der Liebe, besteht darin,
die Liebe eingestehen zu dürfen.

André Gide

Was das Leben auch hienieden
uns an Wonne bieten mag,
Süßeres wird uns nicht beschieden
als ein Liebesfrühlingstag.

Julius Sturm

Zur goldenen Hochzeit

Verehrtes Paar, das fünfzig Jahre
die Freude und das Leid geteil,
das liebreich noch im Silberhaare
gern in dem Kreis der Jugend weilt,
dir bring ich, und es teilen alle
des schönen Augenblickes Lust,
mit hochgeschwungenem Pokale
ein Lebehoch aus voller Brust!

Ende des 19. Jahrhunderts

Liebe ist genauso notwendig wie Brot.

Honoré de Balzac

Die Liebe läßt uns an Dinge glauben, denen wir sonst mit dem höchsten Mißtrauen begegnen würden.

Marivaux

Kapitel 10

Das neue Jahr sieht mich freundlich an, und ich lasse das alte mit seinem Sonnenschein und Wolken ruhig hinter mir.

Johann Wolfgang von Goethe

Neujahrsgrüße – so viel Sie wollen

Erinnerung

Willst du immer weiter schweifen?
Sieh, das Gute liegt so nah.
Lerne nur das Glück ergreifen,
Denn das Glück ist immer da.

Johann Wolfgang von Goethe

Das Schwein
Sei dein!

Wilhelm Busch

Einen vollen Beutel in dem Sack,
Einen guten Knaster von Tabak
Einen vollen Krug mit frischem Bier
Wünsch ich, mein Freund, tagtäglich dir.

Neujahrswunsch aus Südmähren

Mit der Freude zieht der Schmerz
traulich durch die Zeiten.
Schwere Stürme, milde Weste,
bange Sorgen, frohe Feste
wandeln sich zur Seiten.
Wars nicht so im alten Jahr?
Wirds im neuen enden?
Sonnen wallen auf und nieder,
Wolken gehn und kommen wieder,
und kein Wunsch wirds wenden!
Jedem auf dem Lebenspfad
einen Freund zur Seite,
ein zufriedenes Gemüte
und zu stiller Herzensgüte
Hoffnung ins Geleite!

Johann Peter Hebel

Ich wünsch Ihnen viel Glück
zum neuen Jahr
und eine Perücke
von Gänsehaar,
den Kopf voll Grind
und alle Jahr ein Kind.

Aus Hessen

Es schenke Euch der Januar
und ebenso der Februar
und auch der Frühlingsbote März
Gesundheit und ein frohes Herz!
Dann führen Euch April und Mai
die schönste Frühlingszeit herbei.
Im Juni, Juli und August
erfreuet Euch an Sommerlust.
September- und Oktoberzeit
vergehe Euch in Freudigkeit.
November lasse sich ertragen
denn mögt Ihr im Dezember sagen
als Lob und Preis des ganzen Jahres:
Gottlob, recht schön und glücklich war es!

Volksmund

Zufriedenheit ist Glück.

Thomas Fuller

Wer rückwärts sieht,
gibt sich verloren,
wer lebt und leben will,
muß vorwärts sehen.

Ricarda Huch

Ein Pfund Mut ist mehr wert
als eine Tonne Glück.

James A. Garfield

Mensch, es naht das neue Jahr,
richte die Präsente,
denn wer grob zwölf Monat war,
macht jetzt Komplimente;
mit verklärtem Angesicht
kommt dir auf allen Wegen,
versehn mit einem Neujahrsgedicht,
ein neuer Mensch entgegen!

Kalenderspruch aus dem Jahre 1870

Ein neues Jahr nimmt seinen Lauf.
Die junge Sonne steigt herauf.
Bald schmilzt der Schnee, bald taut das Eis.
Bald schwillt die Knospe schon am Reis.
Bald werden die Wiesen voll Blumen sein,
die Äcker voll Korn, die Hügel voll Wein.
Und Gott, der ewig mit uns war,
behüt uns auch im neuen Jahr.
Und ob wir nicht bis morgen schaun,
wir wollen hoffen und vertraun.

Volksgut

Geld laßt von Herzen allen uns gönnen,
So viel die Esel nur tragen können.

Wilhelm Busch

Jede Minute, die man lacht,
verlängert das Leben um eine Stunde.

Aus China

Ein neues Jahr! Tritt froh hinein
mit aller Welt in Frieden!
Vergiß, wieviel der Plag und Pein
das alte Jahr beschieden.
Du lebst, sei dankbar, froh und klug
und wenn drei bösen Tagen
ein guter folgt, sei stark genug
sie alle vier zu tragen.

Vertrau auf Gott und eigne Kraft
und nicht auf fremde Mächte,
wer jeden Tag das Rechte schafft,
der schafft im Jahr das Rechte.
Es frommt nicht, daß du zagst und klagst:
wenn rückwärts ohne Reue
ins alte Jahr du blicken magst,
so sieh' mit Mut ins neue.

Das neue Jahr, es gibt und nimmt,
drum leg in dessen Hände,
der Welten Ziel und Zeit bestimmt,
den Anfang und das Ende.
Trag du mit Freuden deine Last
und laß dich's nicht verdrießen:
Wenn du mit Gott begonnen hast,
kannst du mit Gott beschließen.

Altöttinger Franziskus-Kalender von 1937

Wir danken Gott für seine Gnad,
der uns bisher behütet hat,
und bitten, daß er im neuen Jahr
vor allem Leid uns auch bewahr.

Aus Österreich, 17. Jahrhundert

Ich wünsch euch ein glückliches neues Jahr,
das alte ist schon gar,
das neue ist im Lauf.
Macht den Geldbeutel auf!

Aus Österreich

Das alte Jahr gar schnell entwich.
Es konnte sich kaum gedulden
Und ließ mit Freuden hinter sich
Den dicken Sack voll Schulden.

Wilhelm Busch

Das alte Jahr ist vergangen,
Ein neues hat angefangen,
Es bringe uns allen Glück und Geheih'n,
zum Leben Mut und Sonnenschein.
Wir lassen den Kopf nie sinken.
Stoßt an! Nun wollen wir trinken
auf das, was kommt, auf das, was war,
auf gute Freundschaft im neuen Jahr.

Verfasser unbekannt

Ich bin ein kleiner Knabe.
Ich wünsche, was ich kann.
Ich wünsche euch Glück und Segen.
Der Höchste wird es geben.
Prost auf das neue Jahr.

Aus Baden

Das Alte Jahr vergangen ist,
das neue Jahr beginnt.
Wir danken Gott zu dieser Frist.
Wohl uns, daß wir noch sind!
Wir sehn aufs alte Jahr zurück
und haben neuen Mut:
Ein neues Jahr, ein neues Glück.
Die Zeit ist immer gut.
Ein neues Jahr, ein neues Glück.
Wir ziehen froh hinein.
Und: Vorwärts, vorwärts, nie zurück!
soll unsre Losung sein.

August Heinrich Hoffmann von Fallersleben

Ich wünsch dem Herrn Vater
und der Frau Mama
ein glückseliges neues Jahr,
Frieden und Einigkeit
und ein ewiges Himmelreich!

Aus Österreich

Zwischen dem Alten,
Zwischen dem Neuen,
Hier uns zu freuen
Schenkt uns das Glück,
Und das Vergangne
Heißt mit Vertrauen
Vorwärts zu schauen,
Schauen zurück.

Johann Wolfgang von Goethe

Ein Traum, ein Traum ist unser Leben
auf Erden hier.
Wie Schatten auf den Wogen schweben
und schwinden wir.
Und messen unsere trägen Tritte
nach Raum und Zeit;
und sind (und wissen's nicht) in Mitte
der Ewigkeit.

Johann Gottfried Herder

Meinen Glückwunsch bring ich dar,
wünsch dir alles Gute,
und daß du im neuen Jahr
nimmer brauchst die Rute.

Volksgut

Guten Morgen, liebe Verwandtschaft.
Ich wünsch euch ein glückseliges neues Jahr,
Gesundheit, Frieden, langes Leben
und alles, was euch lieb ist.
Eine Brezel wie ein Scheunentor,
einen Kuchen wie ein Mühlenrad,
dann werden wir alle miteinander satt!

Aus dem Rheinland

Im neuen Jahr Glück und Heil!
Auf Weh und Wunden gute Salbe!
Auf groben Klotz ein grober Keil!
Auf einen Schelmen anderthalbe!

Johann Wolfgang von Goethe

Von Jahren zu Jahren
muß man viel Fremdes erfahren.
Du trachte, wie du lebst und leibst,
daß du nur immer derselbe bleibst.

Johann Wolfgang von Goethe

Zum lieben neuen Jahr
bring meinen Wunsch ich dar;
er kann nicht größer sein,
denn ich bin auch nur klein.

Um 1900

Eltern, die ich zärtlich ehre,
mein Herz ist heut voll Dankbarkeit.
Der treue Gott dies Jahr vermehre,
was Euch erquickt zu jeder Zeit!
Der Herr, die Quelle aller Freude,
verbleibe Euer Trost und Teil;
sein Wort sei Eures Herzens Weide
und Jesus das erwünschte Heil.
Ich dank für alle Liebesproben,
für alle Sorgfalt und Geduld,
mein Herz soll alle Güte loben
und trösten sich stets Eurer Huld.
Gehorsam, Fleiß und zarte Liebe
verspreche ich auch dieses Jahr.
Der Herr schenk mir nur gute Triebe
und mache all mein Wünschen wahr.
Amen.

Der zehnjährige Friedrich Schiller

Das Jahrhundert ist vorgerückt; jeder einzelne aber fängt doch von vorne an.

Johann Wolfgang von Goethe

Gestatten, 1. Januar!
Ich bin der liebste Gast im Jahr.
Wenn ich komm', jubeln alle Leute
und machen Feuerwerk vor Freude.
Man ruft „Prosit!" und wünscht sich Glück.
Will wer das alte Jahr zurück?

Das geht so auf der ganzen Welt.
Man träumt von Liebe, Glück und Geld.
Da wird gefeiert und gelacht,
manchmal bis morgens früh um acht.
Doch manchmal werde ich ganz still
und denk: Was dieses Jahr wohl von mir will?

Gerald Drews

Kapitel 11

Wir sind in diese Welt gekommen, nicht nur, daß wir sie kennen, sondern daß wir sie bejahen.

Rabindranath Tagore

Poetische Gedanken rund ums Jahr

Der Herr tröstet sein Volk
Jauchzt, ihr Himmel, und frohlocke, du Erde.
Brecht aus in Jubel, ihr Berge!
Denn der Herr tröstet sein Volk
und erbarmt sich seiner Elenden.

Jesaja 49, 13

Ich bin der kleine König
Ein Schilling ist mir zu wenig.
Laßt mich nicht so lange stehn,
in andere Häuser muß ich auch noch gehen!

Aus Österreich

Weihnachten

Noch ist Herbst nicht ganz entflohn,
Aber als Knecht Ruprecht schon
Kommt der Winter hergeschritten,
Und alsbald aus Schnees Mitten
Klingt des Schlittenglöckleins Ton.

Und was jüngst noch, fern und nah,
Bunt auf uns herniedersah,
Weiß sind Türme, Dächer, Zweige,
Und das Jahr geht auf die Neige,
Und das schönste Fest ist da.

Tag du der Geburt des Herrn,
Heute bist du uns noch fern,
Aber Tannen, Engel, Fahnen
Lassen uns den Tag schon ahnen,
Und wir sehen schon den Stern.

Theodor Fontane

Nur wer die Herzen bewegt,
bewegt die Welt.

Ernst Wiechert

Wir sind die drei Weisen aus dem Morgenland,
die Sonne hat uns so schwarz gebrannt.
Wir haben uns gewaschen mit einem Schwamm,
da waren wir weiß als wie ein Lamm.
Die Sterne, die wollen nicht stille stehn,
wir müssen heut abend noch weitergehn.

Volksgut

Einer der sichersten Wege,
seine Freiheit zu vergrößern,
ist, seine Wünsche zu verkleinern.

Peter Horton

Vom Himmel in die tiefsten Klüfte
Ein milder Stern herniederlacht
Vom Tannenwalde steigen Düfte
Und hauchen durch die Winterlüfte,
Und kerzenhelle wird die Nacht.

Mir ist das Herz so froh erschrocken,
Das ist die liebe Weihnachtszeit!
Ich höre fernher Kirchenglocken
Mich lieblich heimatlich verlocken
In märchenhafte Herrlichkeit.

Ein frommer Zauber hält mich wieder,
Anbetend, staunend muß ich stehn;
Es sinkt auf meine Augenlider
Ein goldner Kindertraum hernieder,
Ich fühl's, ein Wunder ist geschehn.

Theodor Storm

Wir danken euch für eure Gaben,
die wir von euch empfangen haben.
Der liebe Gott behüte
das kleine Kind in der Wiege.
Nun legt euch ruhig schlafen.
Wir ziehen unsre Straßen!

Aus Bayern

Der Weihnachtsstern

Von Osten strahlt ein Stern herein
mit wunderbarem hellen Schein,
es naht, es naht ein himmlisch Licht,
das sich in tausend Strahlen bricht!
Ihr Sternlein auf dem dunklen Blau,
die all ihr schmückt des Himmels Bau,
zieht euch zurück vor diesem Schein.
Ihr werdet alle winzig klein!
Verbergt euch, Sonnenlicht und Mond,
die ihr so stolz am Himmel thront!
Er naht, er naht sich von fern –
von Osten her – der Weihnachtsstern!

Franz von Pocci

Es kommen die drei Könige mit ihrem Stern.
Sie krachen die Nüsse und essen den Kern.
Sie werfen die Schalen zum Fenster hinaus,
dann kommen die Hühner und picken sie aus.

Aus Thüringen

Drei Könige suchten und fanden den Herrn
und stellten sich uns wieder vor:
Balthasar, Kaspar und Melchior.
Wir wollen künden, der Herr ist geboren.
öffnet doch Eure Herzen und Ohren!
Und dann sucht ein bißchen in Euren Taschen
für die kleinen Boten der Freude zum Naschen!

Verfasser unbekannt

Immer kleiner wird der Rest,
Aber nehm' ich so die Summe,
Alles Grade, alles Krumme,
Alles Falsche, alles Rechte,
Alles Gute, alles Schlechte –
Rechnet sich aus all dem Braus
Doch ein richtig Leben raus.
Und dies können ist das Beste
Wohl bei diesem Weihnachtsfeste.

Theodor Fontane

Die Heiligen Drei Könige

Die Heiligen Drei Könige aus Morgenland,
die fragten in jedem Städtchen:
„Wo geht der Weg nach Bethlehem,
Ihr lieben Buben und Mädchen?"
Die Jungen und Alten, sie wußtens nicht,
die Könige zogen weiter;
die folgten einem goldenen Stern,
der leuchtete lieblich und heiter.
Der Stern blieb stehn über Josephs Haus,
da sind sie hineingegangen;
Das Öchslein brüllte, das Kindlein schrie,
die Heiligen Drei Könige sangen.

Heinrich Heine

Ostern

Christ ist erstanden
aus Todesbanden.
Was er gelehret
hat sich bewähret!

Lateinisches Kirchenlied

Die Sonne geht im Osten auf,
der Osterhas' beginnt den Lauf.
Um seinen Korb voll Eier sitzen
drei Häslein, die die Ohren spitzen.
Der Osterhas' bringt just ein Ei –
da fliegt ein Schmetterling herbei.
Dahinter strahlt das blaue Meer
mit Sandstrand vorne und umher.
Der Osterhas' ist eben fertig –
das Kurtchen auch schon gegenwärtig!
Nesthäckchen findet – eins, zwei, drei,
ein rot, ein blau, ein lila Ei.
Ein Ei in jedem Blumenkelche!
Seht, seht, selbst hier, selbst dort sind welche!
Ermüdet leicht, im Morgenschein
schlief Kurtchen auf der Wiese ein.
Die Glocken läuten bim, bam, baum,
und Kurtchen lächelt zart im Traum.
Di di didl dum dei,
wir tanzen mit unsern Hasen,
umgefaßt, zwei und zwei,
auf schönem, grünen, Rasen.

Christian Morgenstern

Seid uns gegrüßt zum Feste,
Ihr lieben Ostergäste.
Wir luden Euch zur Bowle ein
und wollen dabei fröhlich sein.

Verfasser unbekannt

Ich wünsch mir was, ich wünsch mir was,
Du lieber, guter Osterhas'.
Ein großes Ei aus Marzipan,
das ich auf einmal essen kann.

Verfasser unbekannt

Ich gebe dir ein Osterei
als kleines Angedenken,
und wenn du es nicht haben willst,
so kannst du es verschenken.

Volksgut

Zur Osterfeier
Da freun wir uns sehr,
Da suchen wir Eier
Die Kreuz und die Quer.
Husch husch
Im Dornenbusch
Flugs flugs
Im grünen Buchs,
Husch husch husch husch!
Flugs flugs flugs!

August Heinrich Hoffmann von Fallersleben

Ostern, wenn der Lenz erwacht,
jubelt jedes Kind und lacht,
denn zu dieses Tages feier
gibt es bunte Ostereier.

Volksgut

Pfingsten

Heute und morgen ist Pfingsten.
Was kriegen die Jungen zum gringsten?
Drei Eier, drei Eier
und fürn Dreier Speck,
sonst gehn wir das ganze Jahr nicht weg.

Aus der Altmark

Es kommen viele Gäste
zum fröhlichen Feste.
Wir bitten um ein Geschenk.
Es mag sein
groß oder klein,
wir wollen damit zufrieden sein!

Aus Langensalza

Ihr lieben Leute, laßt euch sagen:
Wir brachten heim den letzten Wagen.
Wir brachten heim die letzten Garben:
Nun soll im Lande keiner darben.

Volksgut

Erntedank

Erde, die uns dies gebracht,
Sonne, die es reif gemacht.
Liebe Sonne, liebe Erde,
euer nie vergessen werde.

Christian Morgenstern

Und blüht der Weizen, so reift er auch,
das ist immer so ein alter Brauch.
Und schlägt der Hagel die Ernte nieder,
übers andere Jahr trägt der Boden wieder.

Johann Wolfgang von Goethe

Wir haben volle Teller,
und voll sind Scheune und Keller,
wir leiden keine Not.
Gesichert ist das Brot,
die Äpfel sind knallrot,
und auch der süße Wein
lief rein ins Faß hinein.
Die Ernt ist geborgen,
wir haben keine Sorgen,
drum sei heut Dank gebracht
dem Herrn, der dies gemacht.
Erde, die uns dies gebracht,
Sonne die es reif gemacht.
Liebe Sonne, liebe Erde,
Euer nie vergessen werde!

Christian Morgenstern

Martinus schenket guten Most
und hat dabei viel guter Kost.
Auf Martin schlacht man feiste Schwein,
auch wandelt sich der Most in Wein.
Man ißt auch dann gebratne Gans,
man trinkt den Most, halb oder ganz.

Aus Hannover

Fastnacht

Heute ist die Fastenacht,
heute wird Radau gemacht.
Keiner soll uns Narren kennen,
uns bei unsern Namen nennen!

Volksgut aus Baden

O wär im Februar doch auch,
Wie's ander Orten ist der Brauch
Bei uns die Narrheit zünftig!
Denn wer, so lang das Jahr sich mißt,
Nicht einmal herzlich närrisch ist,
Wie wäre der zu andrer Frist
Wohl jemals ganz Vernünftig.

Theodor Storm

Jedem kann es mal passieren, daß er Unsinn redet; schlimm wird es erst, wenn er es feierlich tut.

Montaigne

Zur Faschingszeit, zur Faschingszeit,
da gibts nur Scherz und Fröhlichkeit.
Und wer nicht froh sein mag beim Schmaus,
der bleibe zu Haus, der bleibe zu Haus.
Wo sich die Freude blicken läßt,
da halten wir sie heute fest,
denn fröhlich sein in Ehren,
das soll uns keiner wehren!

Volksgut

Der Heiterkeit sollen wir, wann immer sie sich einstellt,
Tür und Tor öffnen, denn sie kommt nie zur unrechten Zeit.

Arthur Schopenhauer

Dem Heitern erscheint die Welt auch heiter.

Johann Wolfgang von Goethe

Ri-ra-rum
der Fasching ist um!
Die Vögel und die Blumen,
die wollen wiederkommen.
Ri-ra-rum
der Fasching ist um!

Volksgut

Ehe wir nicht für unser Dasein dankbar sind,
wissen wir noch gar nicht,
wer wir sind und was es heißt,
zu sein und zu leben.

Thomas Merton

Sei lieber ein kleines Lämpchen,
das einen dunklen Winkel
mit eigenem Licht erleuchtet,
als ein großer Mond einer fremden Sonne.

Adolf von Knigge

Stammbuchblatt

Und wie die Zeiten sich auch wenden,
Und wie manch Glück von uns entweicht,
Und was der Tag mit Launenhänden
Uns fürder wieder Gutes reicht:

So ist ein Faden uns gegeben
In liebes Freund- und Bruderherz.
Der zieht durch dieses ganze Leben.
Und über Gräber himmelwärts.

Adalbert Stifter

Kapitel 12

Ein froher Gast ist niemands Last.

Spruch in der Wartburg

Das Gästebuch lacht

Seid mir nur nicht gar zu traurig,
Daß die schöne Zeit entflieht,
Daß die Welle kühl und schaurig,
Uns in ihre Wirbel zieht;

Daß des Herzens süße Regung,
Daß der Liebe Hochgenuß,
Jene himmlische Bewegung,
Sich zur Ruh begeben muß.

Laßt uns lieben, singen, trinken,
Und wir pfeifen auf die Zeit;
Selbst ein leises Augenwinken
Zuckt durch alle Ewigkeit.

Wilhelm Busch

Die liebsten Gäste kommen von selbst.

Sprichwort

Tages Arbeit, abends Gäste!
Saure Wochen, frohe Feste!
Sei mein künftig Zauberwort.

Johann Wolfgang von Goethe

Mancher Gast
ist eine Last,
mancher bringt auch Freude.
Sagt mir, liebe Leute,
hab ich euch gepaßt?

Verfasser unbekannt

Die Speise schmeckt nur,
wenn die Gastgeber mitessen.

Verfasser unbekannt

Satt essen kann sich jeglicher zu Hause,
geselliges Vergnügen,
munteres Gespräch
muß einem Festmahl Würze geben.

Friedrich von Schiller

Die Red' ist uns gegeben
damit wir nicht allein
vor uns nur sollen leben
und fern von Leuten sein.

Simon Dach

Kannst du mit der Sprache schnauben,
schnarren, poltern, donnern, krachen,
mögest lieber spielen, scherzen,
lieben, kosen, tändeln, lachen.

Friedrich von Logau

Ich liebe mir den heitern Mann
Am meisten unter meinen Gästen:
Wer sich nicht selbst zum besten haben kann,
Der ist gewiß nicht von den Besten.

Johann Wolfgang von Goethe

Das reichste Mahl ist freudenleer,
wenn nicht
des Wirtes Zuspruch und Geschäftigkeit
den Gästen zeigt, daß sie willkommen sind.

William Shakespeare

Iß, was gar ist,
trink, was klar ist,
red, was wahr ist.

Martin Luther

Wie fruchtbar ist der kleinste Kreis,
Wenn man ihn wohl zu pflegen weiß!

Johann Wolfgang von Goethe

Geschmacksache

Dies für den und das für jenen.
Viele Tische sind gedeckt.
Keine Zunge soll verhöhnen,
Was der andern Zunge schmeckt.

Lass jedem seine Freuden,
Gönn ihm, daß er sich erquickt,
Wenn er sittsam und bescheiden
Auf den eignen Teller blickt.

Wenn jedoch bei deinem Tisch er
Unverschämt dich neckt und stört,
Dann so gib ihm einen Wischer,
Daß er merkt, was sich gehört.

Wilhelm Busch

In der Welt fährst du am besten,
sprichst du stolz mit stolzen Gästen,
mit bescheidenen bescheiden,
aber wahr und klar mit beiden.

Anastasius Grün

Wenn alles sitzen bliebe,
Was wir in Haß und Liebe
So voneinander schwatzen;
Wenn Lügen Haare wären,
Wir wären rauh wie Bären
Und hätten keine Glatzen.

Wilhelm Busch

Höflichkeit ist wie ein Luftkissen:
Es mag wohl nichts drin sein,
aber sie mildert die Stöße des Lebens.

Arthur Schopenhauer

Frage nicht, was das Geschick
morgen wird beschließen;
unser ist der Augenblick,
laß uns den genießen!

Friedrich Rückert

Wer nicht liebt Wein, Weiber und Gesang,
der bleibt ein Narr sein Leben lang.

Martin Luther

Mich deucht, das Größt' bei einem Fest ist,
wenn man sich's wohl schmecken läßt.

Johann Wolfgang von Goethe

Mann kann, wenn wir es überlegen,
Wein trinken fünf Ursachen wegen:
Einmal um des Festtags willen,
Sodann vorhandnen Durst zu stillen,
Desgleichen, um künftigen abzuwehren,
Ferner dem guten Wein zu Ehren,
Und endlich um jeder Ursach' willen.

Friedrich Rückert

Ein Gastgeber ist wie ein Feldherr:
Erst wenn etwas schiefgeht,
zeigt sich sein Talent.

Horaz

Die gute Unterhaltung besteht nicht darin, daß man selbst etwas Gescheites sagt, sondern daß man etwas Dummes anhören kann.

Wilhelm Busch

Recht zu trinken ist eine Kunst,
Die nicht jeglicher weiß zu fassen;
Du sollst den Wein in dir wallen lassen,
Aber als Feuer, nicht als Dunst.

Emanuel Geibel

Wenn alle Tage im Jahre gefeiert würde,
so würde Spiel so lästig sein wie Arbeit.

William Shakespeare

Es ist halt schön,
wenn wir die Freunde kommen sehn.
Schön ist es ferner, wenn sie bleiben
Und sich mit uns die Zeit vertreiben.
Doch wenn sie schließlich wieder gehn,
ist's auch recht schön.

Wilhelm Busch

Langweiliger Besuch
macht Zeit und Zimmer enger:
O Himmel, schütze mich vor jedem Müßiggänger.

Friedrich von Hagedorn

Eher muß man darauf achten,
mit wem man ißt und trinkt,
als was man ißt und trinkt.

Seneca

Ein Gast, der sich früh erhebt,
bleibt die ganze Nacht.

Russisches Sprichwort

Ein Haus, in das keine Gäste kommen,
ist kein glückliches Haus.

Sprichwort

Ein Festtag soll dich stärken
zu deines Werktags Werken,
daß du an dein Geschäfte
mitbringst frische Kräfte.
Du darfst nicht in den Freuden
die Kräfte selbst vergeuden;
neu sollen sie ersprießen
aus mäßigem Genießen.

Friedrich Rückert

Heute geh ich. Komm ich wieder,
Singen wir ganz andre Lieder.
Wo so viel sich hoffen läßt,
Ist der Abschied ja ein Fest.

Johann Wolfgang von Goethe

Du hast nicht das, was andre haben,
und andern mangeln deine Gaben.
Aus dieser Unvollkommenheit
entspringet die Geselligkeit.

Christian Fürchtegott Gellert

Wer möchte diesen Erdenball
Noch fernerhin betreten,
Wenn wir Bewohner überall
Die Wahrheit sagen täten.

Ihr hießet uns, wir hießen euch
Spitzbuben und Halunken,
Wir sagten uns fatales Zeug,
Noch eh wir uns betrunken.

Und überall im weiten Land,
Als langbewährtes Mittel,
Entsproßte aus der Menschenhand
Der treue Knotenknittel.

Da lob ich mir die Höflichkeit,
Das zierliche Betrügen.
Du weißt Bescheid, ich weiß Bescheid,
Und allen macht's Vergnügen.

Wilhelm Busch

Klatschen heißt:
anderer Leute Sünden beichten.

Wilhelm Busch

Herr, schenke mir Sinn für Humor, gib mir die Gnade, einen Scherz zu verstehen, damit ich ein wenig Glück kenne im Leben und anderen davon mitteile.

Thomas Morus

Freue dich mit mir!
Es ist so traurig,
sich allein zu freuen.

Gotthold Ephraim Lessing

Es geht wohl anders, als du meinst:
derweil du frei und fröhlich scheinst,
ist Lenz und Sonnenschein verflogen,
die liebe Gegend schwarz umzogen,
und kaum hast du dich ausgeweint,
lacht alles wieder, die Sonne scheint –
es geht wohl anders, als man meint!

Joseph von Eichendorff

Ein Leben ohne Feste
ist wie ein langer Weg
ohne Einkehr.

Demokrit

Sie teilte jedem eine Gabe,
dem Früchte, jenem Blumen aus.
Der Jüngling und der Greis am Stabe –
ein jeder ging beschenkt nach Haus.

Friedrich von Schiller

Als Mahl begann's
und ist ein Fest geworden.

Rainer Maria Rilke

Am schwersten zu bergen ist ein Gedicht;
man stellt es untern Scheffel nicht.
Hat es der Dichter frisch gesungen,
so ist er ganz davon durchdrungen;
hat er es zierlich nett geschrieben,
will er, die ganze Welt soll's lieben.
Er liest es jedem froh und laut,
ob es uns quält, ob es erbaut.

Johann Wolfgang von Goethe

Das beste Tischgespräch ist das Schweigen schweigender Gäste.

Chinesisches Sprichwort

Gedanken sind nicht stets parat.
Man schreibt auch, wenn man keine hat.

Wilhelm Busch

Zwischen Akten, dunklen Wänden
bannt mich Freiheitsbegehrenden
nun des Lebens strenge Pflicht,
und aus Schränken, Aktenschichten
lachen mir die beleidigten
Musen in das Amtsgesicht.
Als an Lenz und Morgenröte
noch das Herz sich elabete,
o du stilles, heitres Glück!
Wie ich nun auch heiß mich sehne,
ach, aus dieser Sandebene
führt kein Weg dahin zurück.
Als der letzte Balkentreter
steh ich armer Enterbeter
in des Staates Symphonie.
Ach, in diesem Schwall von Tönen,
wo fänd ich da des eigenen
Herzens süße Melodie?
Ein Gedicht soll ich euch spenden:
Nun, so geht mit dem Leidenden
nicht zu streng ins Gericht!
Nehmt den Willen für Gewährung,
kühnen Reim für Begeisterung,
diesen Unsinn als Gedicht.

Joseph von Eichendorff

Laßt uns das Leben genießen,
solange wir es nicht begreifen.

Kurt Tucholsky

Anfang und Wurzel alles Guten ist die Freude des Magens;
selbst Weisheit und alles, was noch über sie hinausgeht,
steht in Beziehung zu ihr.

Epikur

Stunden, wo der Unsinn waltet,
sind so selten. Stört sie nie!
Schöner Unsinn, glaubt mit, Kinder,
er gehört zur Poesie.

Bardenklänge aus Deutschlands Wehmutsschachtel, 1867

Du sagst, ich soll dir schreiben
ins Album ein Gedicht.
Verzeih, es ist unmöglich,
denn dichten kann ich nicht!

Volksgut

Kapitel 13

Solange man trinken kann, läßt sich's noch glücklich sein.

Johann Wolfgang von Goethe

Trinksprüche und -lieder

Es ist eine Forderung der Natur,
daß der Mensch mitunter betäubt werde,
ohne zu schlafen. Daher der Genuß im
Tabakrauchen, Branntweintrinken, Opiaten.

Johann Wolfgang von Goethe

Der edle Wein
ist doch der beste Schieferdecker,
sein güldner Schein
macht alle Menschen etwas kecker,
ich wundre mich,
daß er so klettern kann und steigen,
und macht, daß sich
die großen Häupter vor ihm neigen.

Des Knaben Wunderhorn

Punschlied

Vier Elemente,
Innig gesellt,
Bilden das Leben,
Bauen die Welt.

Preßt der Zitrone
Saftigen Stern,
Herb ist des Lebens
Innerster Kern.

Jetzt mit des Zuckers
Linderndem Saft
Zähmet die herbe
Brennende Kraft.

Gießet des Wassers
Sprudelnden Schwall,
Wasser umfänget
Ruhig das All.

Tropfen des Geistes
Gießet hinein,
Leben dem Leben
Gibt er allein.

Eh es verdüftet,
Schöpfet es schnell,
Nur wenn er glühet,
Labet der Quell.

Friedrich von Schiller

Herbei, herbei, ihr alten Zecher
Herbei, herbei, ihr alten Zecher!
Wie lieblich weht die Maiennacht!
Wem wird der erste volle Becher
Zum Willkomm fröhlich dargebracht?

Im Weine wohnet Lieb und Leben,
Und aus dem Weine quillt Gesang.
Drum ehr ich hoch die Kraft der Reben
Und preise sie mein lebelang.

Zuerst soll dann Treuliebchen leben!
Stoßt an! trinkt aus bis auf den Grund!
Denn Wein und Lied, die beide geben
Zuerst das Allerschönste kund.

Drum ehret hoch die Kraft der Reben
Und preist sie euer lebelang!
Im Weine wohnet Lieb und Leben,
Und aus dem Weine quillt Gesang.

August Heinrich Hoffmann von Fallersleben

Was für Redner sind wir nicht,
wenn der Rheinwein aus uns spricht.

Gotthold Ephraim Lessing

Gott weiß, was wir morgen machen,
heute laß uns lustig sein!
Trauern, Frohsinn, Weinen, Lachen
ziehn bald bei uns aus, bald ein.
Wohl dem, welcher ist vergnüget,
wie sich sein Verhängnis füget!

Paul Fleming

Solang man nüchtern ist,
Gefällt das Schlechte,
Wie man getrunken hat,
Weiß man das Rechte,
Nur ist das Übermaß
Auch gleich zuhanden:
Hafis, o lehre mich, Wie du's verstanden!

Denn meine Meinung ist
Nicht übertrieben:
Wenn man nicht trinken kann,
Soll man nicht lieben,
Doch sollt ihr Trinker euch
Nicht besser dünken:
Wenn man nicht lieben kann,
Soll man nicht trinken.

Johann Wolfgang von Goethe

Bekränzt mit Laub den lieben vollen Becher,
Und trinkt ihn fröhlich leer.
In ganz Europia, Ihr Herren Zecher!
Ist solch ein Wein nicht mehr.

So trinkt ihn denn und laßt uns alle Wege
Uns freun und fröhlich sein!
Und wüßten wir, wo jemand traurig läge,
Wir gäben ihm den Wein.

Matthias Claudius, „Rheinweinlied"

Lebe, bis Du satt geküßt
und des Trinkens müde bist.

Gotthold Ephraim Lessing

Der Nebel steigt, es fällt das Laub;
Schenk ein den Wein, den holden!
Wir wollen uns den grauen Tag
Vergolden, ja vergolden!
Und wimmert auch einmal das Herz,
Stoß an und laß es klingen!
Wir wissen's doch, ein rechtes Herz
Ist gar nicht umzubringen.
Wohl ist es Herbst; doch warte nur,
Doch warte nur ein Weilchen!
Der Frühling kommt, der Himmel lacht,
Es steht die Welt in Veilchen.

Theodor Storm

Die besten Vergrößerungsgläser für die Freuden der Welt sind die, aus denen man trinkt.

Joachim Ringelnatz

Der Wein ist unter den Getränken das nützlichste,
unter den Arzneien die schmackhafteste,
unter den Nahrungsmitteln das angenehmste.

Plutarch

O Alkohol, o Alkohol,
daß du mein Feind bist,
weiß ich wohl.
Doch in der Bibel steht geschrieben,
man soll auch seine Feinde lieben.

Kneipenspruch

Unsre Väter sind gesessen

Unsre Väter sind gesessen
Auch vor vollen Gläsern hier;
Unsre Väter sind vergessen,
Und vergessen werden wir.

Wer kann alles auch behalten,
Was geschieht und nicht geschieht?
Ob sich hier die Stirn in Falten,
Dort der Mund zum Lächeln zieht?

Leer' und volle Köpf und Taschen
Werden nach uns auch noch sein,
Nach uns gibt's noch Krüg und Flaschen,
Gläser mit und ohne Wein.

Und wenn diese gehn zu Scherben,
Neue Gläser werden draus;
Wenn die alten Gäste sterben,
Kommen neue Gäst ins Haus.

Könnten unsre Väter sprechen,
Sprächen sie: Stoßt an und zecht!
Leben war noch nie Verbrechen,
Und der Lebende hat recht.

August Heinrich Hoffmann von Fallersleben

Trink ihn aus, den Trank der Labe,
und vergiß den großen Schmerz!
Wundervoll ist Bacchus' Gabe,
Balsam fürs zerrißne Herz.

Friedrich von Schiller

Trunken

Trunken müssen wir alle sein!
Jugend ist Trunkenheit ohne Wein;
Trinkt sich das Alter wieder zu Jugend,
So ist es wundervolle Tugend.
Für Sorgen sorgt das liebe Leben,
Und Sorgenbrecher sind die Reben.

Johann Wolfgang von Goethe

Der Wein gibt Witz
und stärkt den Magen.

Christoph Martin Wieland

Rotwein ist für alte Knaben
eine von den besten Gaben.

Wilhelm Busch

Das alte Faß ist ausgetrunken,
der Himmel steckt ein neues an.
Wie mancher ist vom Stuhl gesunken,
der nun nicht mit uns trinken kann.
Doch ihr, die ihr wie wir beim alten
mit so viel Ehren ausgehalten,
geschwind die alten Gläser leer
und setzt euch zu den neuen her!

Georg Christoph Lichtenberg

Der ist nicht wert des Weines,
der ihn wie Wasser trinke.

Friedrich von Bodenstedt

Wer trinkt, soll reinen Herzens sein,
mit Wein ist nicht zu scherzen.

Friedrich Rückert

Greift zum Becher, und laßt das Schelten,
Die Welt ist blind.
Sie fragt, was die Menschen gelten,
Nicht, was sie sind.

Uns aber laßt zechen und krönen
Mit Laubgewind
Die Stirnen derer, die noch dem Schönen
Ergeben sind!

Und bei den Posaunenstößen,
Die eitel Wind,
Laßt uns lachen über Größen,
Die keine sind!

Heinrich Leuthold

Das Trinken ist gescheiter,
das schmeckt schon nach Idee,
da braucht man keine Leiter,
das geht gleich in die Höh.

Joseph von Eichendorff

Herr Durst

Herr Durst ist ein gestrenger Mann,
Der läßt sich gar nicht foppen;
Ob's Wetter gut ist oder schlecht,
Er geht nicht ab von seinem Recht,
Er fordert seinen Schoppen.

Und wer ihm den nicht geben will,
Den quälet er tagtäglich,
Er quält ihn hier, er quält ihn dort,
Er quälet ihn in einem fort
Und quält ihn ganz unsäglich.

Da gilt kein Ansehn der Person,
Nicht Stand noch Würd' und Ehren:
Herr Durst, der kehrt bei allen ein,
Bei Reich und arm, bei groß und klein,
Und niemand kann's ihm wehren.

Ihn rührt kein Ernst, ihn rührt kein Spaß,
Kein Pfeifen oder Singen.
Ihr könnt ihn nicht durch Spott und Hohn,
Ihr könnt ihn nicht durch Schmähn und Drohn
Von seiner Fordrung bringen.

Drum macht's wie ich: ich bin bereit,
Sein Schöpplein ihm zu zollen.
Und läßt er mich dann nicht in Ruh,
Trink ich ihm noch ein zweites zu,
Dann hört er auf zu schmollen.

August Heinrich Hoffmann von Fallersleben

Man spricht vom vielen Trinken stets,
doch nie vom vielen Durste.

Joseph Victor von Scheffel

Beim Weißwein denkt man an Dummheiten.
Beim Rotwein spricht man Dummheiten.
Beim Sekt macht man Dummheiten.

Henri Vidal

Trinklied

So laßt uns noch einmal vereint
Die vollen Gläser schwingen;
Der Abschied werde nicht geweint,
Den Abschied sollt ihr singen.

Wohlan, wohlauf denn, frisch gehofft!
Kein Wechsel schlag euch nieder!
Wir finden uns vielleicht noch oft,
Vielleicht nicht einmal wieder!

Ist's künftig nicht, je nun, erbaut
Euch nur am heutgen Glücke,
Und wer nicht gerne fürder schaut,
Der schaut doch gern zurücke.

Damit sich noch beim letzten Wort
Die Kraft der Liebe zeige,
So gieß ich aus dem Freunde dort,
Dem schönen Freund, die Neige.

August Graf von Platen

An Leukon

Rosen pflücke, Rosen blühn,
Morgen ist nicht heut!
Keine Stunde laß entfliehn –
Flüchtig ist die Zeit!

Trinke, küsse! Sieh, es ist
Heut Gelegenheit!
Weißt du, wo du morgen bist?
Flüchtig ist die Zeit!

Aufschub einer guten Tat
hat schon oft gereut!
Hurtig leben ist mein Rat –
Flüchtig ist die Zeit!

Johann Wilhelm Ludwig Gleim

Erlauchte Bettler hab ich gekannt,
Künstler und Philosophen genannt;
doch wüßt ich niemand, ungeprahlt,
der seine Zeche besser bezahlt.

Johann Wolfgang von Goethe

Meinen Wein
trink ich allein,
niemand setzt mir Schranken,
ich hab so meine Gedanken.

Johann Wolfgang von Goethe

Wankelmut

Was bin ich alter Bösewicht
So wankelig von Sinne.
Ein leeres Glas gefällt mir nicht,
Ich will, daß was darinne.

Das ist mir so ein dürr Geklirr;
He, Kellnerin, erscheine!
Laß dieses öde Trinkgeschirr
Befeuchtet sein vom Weine!

Nun will mir aber dieses auch
Nur kurze Zeit gefallen;
Hinunter muß es durch den Schlauch
Zur dunklen Tiefe wallen. –

So schwank ich ohne Unterlaß
Hinwieder zwischen beiden.
Ein volles Glas, ein leeres Glas
Mag ich nicht lange leiden.

Ich bin gerade so als wie
Der Erzbischof von Köllen,
Er leert sein Gläslein wuppheidi
Und läßt es wieder völlen.

Wilhelm Busch

Solang man nüchtern ist,
gefällt das Schlechte.
Wie man getrunken hat,
weiß man das Rechte.

Johann Wolfgang von Goethe

Letzter Wille

Mein Begehr und Willen ist:
In der Kneipe sterben!
Nah den Lippen sei der Wein,
Eh sie sich entfärben.
Und der Englein Sterbechor
Möge für mich werben:
„Laß den wackern Zechkumpan,
Herr, dein Reich ererben!“

Jeder Zecher gehet ein
Zu des Himmels Toren,
So der Jüngling wie der Greis;
Doch im Feuer schmoren
Muß das schlechte Bauernpack;
Die sind nicht geboren,
Zu verkosten solchen Trunk
Fein und auserkoren.

Leib und Leben laßt dem Wein
Uns, dem guten, weihen,
Sintemal er innerlich
Schafft ein gut Gedeihen!
Bringt man uns nur Wein genug,
Wann wir darum schreien,
Wöll'n in deinem Himmel wir,
Herr dich benedeien.

Vinus, Vina, Vinum heißt
Weiner, Weine, Weines,
Masculin und Feminin
Braucht man für Gemeines,
Doch im sächlichen Geschlecht
Liegt was götterfeines,

Das den Trinker kundig macht
Trefflichsten Lateines.

Für die Kirche nicht so sehr
ist mein Herz erglommen,
Doch die Kneipe war mir stets,
Bleibt mir stets willkommen,
Bis dereinst die Engel nahn,
Bis mein Ohr vernommen
Ihren Lustgenbruder-Gruß:
Ewge Ruh den Frommen!“

Vaganten (12. Jahrhundert)
Laistner

Trinklied

Hier im irdischen Jammertal
wär' doch nichts als Plack und Qual,
trüg der Stock nicht Trauben.
Darum bis zum letzten Hauch
setz ich auf Gott Bacchus' Bauch
meinen festen Glauben.

Johann Friedrich Kind

Weinlied

Auf den Bergen grünt die Freude,
Reift am goldnen Sonnenstrahl,
Kommt, gepflückt von Winzerhänden,
Heim zu uns ins stille Tal.

Und gepresset in der Kelter
Wird der Rebe süßer Saft
Und getan in Faß und Bande,
Daß er wachs an Glut und Kraft.

Und er schlummert süßen Schlummer
Manchen Tag und manche Nacht,
Bis er als ein Wonnespender
Aller Welt zum Heil erwacht.

Und aus seinem engen Hause
Dringt er wie ein guter Geist,
Den auf allen seinen Wegen
Jedes Herz willkommen heißt.

Sei gegrüßt, du Wonnespender!
Der du linderst unser Leid,
Dich in unsre Lieder mischest,
Liebe lehrst und Fröhlichkeit.

Ja, im Weine wohnt die Liebe,
Und im Weine wohnt die Lust,
Und im Weine wird das leben
Sich des Lebens erst bewußt.

August Heinrich Hoffmann von Fallersleben

Mein Trinklied

Noch eine Stunde, dann ist Nacht;
Trinkt, bis die Seele überläuft, Wein her, trinkt!
Seht doch, wie rot die Sonne lacht,
Die dort in ihrem Blut ersäuft; Glas hoch, singt!
Singt mir das Lied vom Tode und vom Leben,
Djagloni gleia glühlala!
Klingklang, seht: schon welken die Reben.
Aber sie haben uns Trauben gegeben!
Hei! –

Noch eine Stunde, dann ist Nacht;
Im blassen Stromfall ruckt und blinzt ein Geglüh:
Der rote Mond ist aufgewacht,
Da kuckt er übern Berg und grinst: Sonne, hüh!
Singt mir das Lied vom Tode und vom Leben;
Mund auf, lacht! Das klingt zwar sündlich,
Klingklang, sündlich! Aber eben:
Trinken und lachen *kann* man bloß mündlich!
Hüh! –

Noch eine Stunde, dann ist Nacht;
Wächst übern Strom ein Brückenjoch, hoch, o hoch.
Ein Reiter kommt, die Brücke kracht;
Saht ihr den schwarzen Reiter noch? Dreimal hoch!!!
Singt mir das Lied vom Tode und vom Leben,
Djagloni, Scherben, klirrlala!
Klingklang: neues Glas! Trinkt! wir schweben
Über dem Leben, an dem wir kleben!
Hoch! –

Richard Dehmel

Der Trinker

Seht den jungen Bacchus an!
Seht doch, wie er trinken kann!
Seht, die Augen, die Gebärden
Sollen unsre Muster werden,
Wenn die Gläser voll von Wein
Aug und Herz und Geist erfreun.

Treue Brüder, laßt euch raten!
Tut doch, was die Alten taten,
Gebt Verdiensten ihren Lohn,
Krönet diesen Bacchussohn,
Daß die Tugend auf der Erde
Lieblicher erkennet werde!

Der noch keinen Trunk vermieden,
Der sich selbst dazu beschieden,
Den kein voller Römer schreckt,
Dem der Wein am besten schmeckt,
Brüder, der verdient zum Lohne
Seiner Tugend eine Krone!

Brüder, seht den Bruder an,
Wie der Bruder trinken kann!
Ihn von allen Bacchussöhnen
Müssen wir zum König krönen!
Brüder, König muß er sein,
Seht, er schenkt schon wieder ein!

Johann Wilhelm Ludwig Gleim

So oft hat man es schon besungen
– das letzte Glas im Steh'n.
Wer kennt sie nicht, die Stimmung,
wenn keiner noch will geh'n?

Der Abschied sei ein kleiner Tod,
so heißt es allgemein.
Weil jeder weiß, wie schwer es ist,
mit sich allein zu sein?

So laßt darauf uns noch mal trinken,
daß wir uns wiederseh'n.
Und den Gedanken zu verdrängen,
für immer wegzugeh'n.

Gerald Drews

Kapitel 14

Freundschaft ist Liebe mit Verstand.

Jean de la Bruyère

Den Freunden mit auf den Weg gegeben

Wem der große Wurf gelungen,
Eines Freundes Freund zu sein,
Wer ein holdes Weib errungen,
Mische seinen Jubel ein!
Ja – wer auch nur eine Seele
Sein nennt auf dem Erdenrund!
Und wer's nie gekonnt, der stehle
Weinend sich aus diesem Bund.

Friedrich von Schiller

Die Kraft zu lieben,
die Gesundheit, sich, das Leben,
Freundschaft und Geist zu genießen
und zu erwidern, ist der Zauber,
der alles bezwingt.

Ludwig Tieck

Zur Weggenossenschaft
gehören beide Gaben
nicht bloß ein gleiches Ziel,
auch gleichen Schritt zu haben.

Friedrich Rückert

Gibt es etwas Beglückenderes
als einen Menschen zu kennen,
mit dem man sprechen kann
wie mit sich selbst?

Cicero

Von allen Dingen, die das Glück des Lebens
ausmachen,
schenkt die Freundschaft uns den größten Reichtum.

Epikur

Höret den Rat beständiger Freunde,
das hilft euch am besten.

Johann Wolfgang von Goethe

Die wahre Freundschaft hat nur zwei Gesetze:
Erstens, daß einer des anderen Freund sei;
zweitens, daß er's von ganzem Herzen sei.
Diese Gesetze sind nicht erdichtet,
sie sind im Wesen der Freundschaft begründet.

Johann Michael Sailer

Der Mensch hat nichts so eigen,
So wohl steht ihm nichts an,
Als daß er Treu erzeigen
Und Freundschaft halten kann.
Wann er mit seinesgleichen
Soll treten in ein Band,
Verspricht sich nicht zu weichen
Mit Herzen, Mund und Hand.

Die Red ist uns gegeben,
Damit wir nicht allein
Für uns nur sollen leben
Und fern von Leuten sein:
Wir sollen uns befragen
Und sehn auf guten Rat,
Das Leid einander klagen,
So uns betreten hat.

Was kann die Freude machen,
Die Einsamkeit verhehlt?
Das gibt ein doppelt Lachen,
Was Freunden wird erzählt.
Der kann sein Leid vergessen,
Der es von Herzen sagt;
Der muß sich selbst auffressen,
Der insgeheim sich nagt.

Gott stehet mir vor allen,
Die meine Seele liebt;
Dann soll mir auch gefallen,
Der mir sich herzlich gibt.
Mit diesen Bundsgesellen
Verlach ich Pein und Not,
Geh auf den Grund der Höllen
Und breche durch den Tod.

Ich hab, ich habe Herzen,
So treue, wie gebührt,
Die Heuchelei und Scherzen
Nie wissentlich berührt;
ich bin auch ihnen wieder
Von Grund der Seelen hold;
Ich lieb euch mehr, ihr Brüder,
Als aller Erden Gold.

Simon Dach

Nicht für die kurze Zeit –
Freundschaft ist für die Ewigkeit!

Des Knaben Wunderhorn

Doch, was alle Freundschaft bindet,
ist, wenn Geist zu Geist sich findet.

Ludwig Uhland

Der kürzeste Weg
zwischen zwei Menschen
ist ein Lächeln.

Sprichwort

Das beste Mittel, jeden Tag gut zu beginnen, ist:
beim Erwachen daran zu denken, ob man nicht
wenigstens einem Menschen an diesem Tag
eine Freude machen könne.

Friedrich Nietzsche

Der Freundschaft Immergrün 1872

Glücklich, was in Lieb und Treue
Sich hienieden einst verband
Und sich immerfort aufs neue
Noch wie weiland wiederfand!

Schön wie eine liebe Sage
Klinget die Erinnerung,
Und im Zauber schöner Tage
Fühlt das Herz sich wieder jung.

So nur gibt's für uns kein Altern,
Kein Verwelken, kein Verblühn,
Wenn wir treu verbunden halten
Fest der Freundschaft Immergrün.

August Heinrich Hoffmann von Fallersleben

Die Nachbarskinder

Wer andern gar zu wenig traut,
Hat Angst an allen Ecken;
Wer gar zu viel auf andre baut,
Erwacht mit Schrecken.

Es trennt sie nur ein leichter Zaun,
Die beiden Sorgengründer;
Zu wenig und zu viel Vertraun
Sind Nachbarskinder.

Wilhelm Busch

Ein Lächeln
ist oft das Wesentliche.

Antoine de Saint-Exupéry

Jedermann kann für die Leiden eines Freundes Mitgefühl aufbringen. Es bedarf aber eines wirklich edlen Charakters, um sich über die Erfolge eines Freundes zu freuen.

Oscar Wilde

Wenn der Freund Dich kränkt,
verzeih's ihm; und versteh:
es ist ihm selbst nicht wohl,
sonst tät er Dir nicht weh.

Friedrich Rückert

Wieviel Unrecht kann die Umarmung eines Freundes wieder gutmachen.

Jean Jacques Rousseau

Das Band der Freundschaft verbindet enger als das des Blutes oder der Schwägerschaft; denn die Freunde haben wir, wie wir sie uns wählen, die Verwandten aber, wie das Glück sie uns gibt.

Giovanni Boccaccio

Zart ist der Faden der Freundschaft, doch unzertrennlich wie jene Kette, die Himmel und Meer und die Gestirne umschlingt, aber auch dehnbar wie Gold, er windet in lieblichen Knoten selbst um die Freunde sich leicht, welche das Schicksal getrennt.

Novalis

Über alles Glück geht der Freund,
der's fühlend erst erschafft,
der's liebend mehrt.

Friedrich von Schiller

Die Menschen sollen nur bewundern,
daß ein Mensch noch Tugenden hat.
Die Fehler verstehen sich von selbst.

Johann Wolfgang von Goethe

Leis auf zarten Füßen naht es,
vor dem Schlafen wie ein Fächeln:
Horch, o Seele, meines Rates,
laß dir Glück und Tröstung lächeln :

Die in Liebe dir verbunden,
werden immer um dich bleiben,
werden klein und große Runden
treugesellt mit dir beschreiben.

Und sie werden an dir bauen,
unverwandt, wie du an ihnen, –
und, erwacht zu Einem Schauen,
werdet ihr wetteifernd dienen!

Christian Morgenstern

Nichts ist besser verkauft,
als was man einem echten Freund,
der es bedarf, schenkt.

Aus China

Solche wähle zu Begleitern
auf des Lebens Bahn,
die dein Herz und deinen Geist erweitern,
dich ermutigen, erheitern,
mit dir eilen himmelan.

Friedrich von Schiller

Das Schöne scheidet nie. 1872

Muß man von Freuden scheiden
In schöner Sommerzeit
Und, was uns lieb war, meiden,
Das ist ein herbes Leid.
Doch kann ein Trost hienieden
Versüßen uns den Schmerz:
Was Schönes uns beschieden,
Behält ein dankbar Herz.

Willkommen, schöne Stunden!
Mögt ihr euch bald erneun,
Daß wir so treu verbunden
Uns wiederum erfreun.
Wir wollen sein zufrieden
Mit dem, was Gott verlieh;
Ist auch die Zeit geschieden,
Das Schöne scheidet nie.

August Heinrich Hoffmann von Fallersleben

Wer Freunde ohne Fehler sucht,
bleibt ohne Freund.

Aus Arabien

Wer Freunde sucht,
ist sie zu finden wert,
Wer keinen hat,
hat keinen noch begehrt.

Gotthold Ephraim Lessing

Freundschaft fließt aus vielen Quellen,
am reinsten aber aus dem Respekt.

Daniel Defoe

Dasselbe wollen und dasselbe nicht wollen,
das erst ist feste Freundschaft.

Sallust

Der eigentlichste Kern der Freundschaft:
ein Glaube, ein Hoffen, ein gemeinsames Werk.

Annette von Droste-Hülshoff

Keine Straße ist lang mit einem Freund an deiner Seite.

Japanisches Sprichwort

Es kommt nicht darauf an,
daß die Freunde zusammenkommen,
sondern darauf, daß sie übereinstimmen.

Johann Wolfgang von Goethe

Unglücklich ist nur der,
wer sein Glück mit keinem teilt,
und vor dem Unglück bangt,
noch eh' es ihn ereilt.

Friedrich Rückert

Die Liebe bricht herein wie Wetterblitzen,
die Freundschaft kommt wie dämmernd Mondenlicht.
Die Liebe will erwerben und besitzen,
die Freundschaft opfert, doch sie fordert nicht.

Emanuel Geibel

Wenn jemand schlecht von deinem Freunde spricht,
und scheint es noch so ehrlich, glaub ihm nicht!
Spricht alle Welt von deinem Freunde schlecht,
mißtrau der Welt und gib dem Freunde recht!
Nur wer so standhaft seine Freunde liebt,
ist wert, daß ihm der Himmel Freunde gibt.

Ludwig II. von Bayern

Das schönste Geschenk, das die Götter den
Menschen verliehen, ist die Freundschaft.
Mögen manche auch den Reichtum, die Macht,
die Ehre oder die Gesundheit preisen, ich ziehe
Freundschaft und Weisheit allen anderen Gütern
vor. Im Glück wie im Unglück verlangt
der Mensch am meisten nach Freundschaft.

Cicero

Und wärest du dem ärmsten Bettler gleich,
bleibt dir ein Freund, so bist du reich.
Doch wer den höchsten Königsthron gewann
und keinen Freund hat, ist ein armer Mann.

Friedrich von Bodenstedt

Freunde verständigen sich nicht,
sie verstehen einander.

Ernst Zacharias

Ein Freund, der mir den Spiegel zeiget,
den kleinsten Flecken nicht verschweiget,
mich freundlich warnt, mich herzlich schilt,
wenn ich nicht meine Pflicht erfüllt:
Der ist mein Freund.

Christian Fürchtegott Gellert

Selig, wer sich vor der Welt
ohne Haß verschließt,
einen Freund am Busen hält
und mit dem genießt.

Johann Wolfgang von Goethe

So wunderbar empfand ich es, so neu,
Daß noch bestehe Freundschaftslieb und Treu!
Daß uns so sichrer Gegenwart Genuß
Zusammenhält in Lebensüberfluß!

Eduard Mörike

Wirklich gute Freunde
sind Menschen,
die uns ganz genau kennen
und trotzdem zu uns halten.

Marie von Ebner-Eschenbach

Auf der höchsten Stufe der Freundschaft
offenbaren wir dem Freunde
nicht unsere Fehler,
sondern die seinen.

François La Rochefoucauld

Wenn zwei gute Freunde sind,
die einander kennen
Sonn' und Mond begegnen sich
ehe sie sich trennen.

Clemens Brentano

Hat dein Freund an sich, das nicht taugt,
so mußt du ihm das nicht verhalten
und es nicht entschuldigen gegen ihn.
Aber gegen den dritten Mann
mußt du es verhalten und entschuldigen.

Matthias Claudius

Freundschaft ist die Blüte eines Augenblicks
und die Frucht der Zeit.

August von Kotzebue

Die Sehnsucht nach wahrer Freundschaft und Liebe ist ein Vorrecht zarter und gebildeter Seelen.

Wilhelm von Humboldt

Die meisten Freundschaften
zerbrechen nicht,
sondern verwelken.

Ernst Zacharias

Ehe man anfängt, seine Feinde zu lieben,
sollte man seine Freunde besser behandeln.

Mark Twain

Mit fremden Menschen nimmt man sich zusammen,
da merkt man auf, da sucht man seinen Zweck
in ihrer Gunst, damit sie nutzen sollen.
Allein bei Freunden läßt man frei sich gehn,
man ruht in ihrer Liebe, man erlaubt
sich eine Laune, ungezähmter wirkt
die Leidenschaft, und so verletzen wir
am ersten die, die wir am zärtsten lieben.

(Antonio)
Johann Wolfgang von Goethe, Tasso III, 4

Es ist ein Beweis geringer Freundschaft
wenn man deren Erkalten bei unseren
Freunden nicht bemerkt.

François La Rochefoucauld

Unter allem,
was zu einem glücklichen
Leben beiträgt,
gibt es kein größeres Gut,
keinen größeren Reichtum
als die Freundschaft.

Epikur

Freundschaft ist eine Seele in zwei Körpern.

Aristoteles

Wenn edle Menschen ihre Freundschaft lösen,
entschlüpft kein böses Wort dem Mund.

Aus China

Die Stimme der Freundschaft in der
Not zu vernehmen, ist das Göttlichste,
was dem Herzen widerfahren kann.

Charlotte von Schiller

Treue Liebe kann zwischen Menschen
von sehr verschiedenen,
dauernde Freundschaft nur zwischen Menschen
von gleichem Werte bestehen.
Aus diesem Grunde ist die zweite viel seltener
als die erste.

Marie von Ebner-Eschenbach

Wenn es sich um Tod und Leben dreht,
zeigt sich's, wie es um die Freundschaft steht.
Reich und arm sind ein untrüglich Maß,
wer dein Freund ist und auf wen Verlaß.
Fällt in Ungnad, wer einst hochgeehrt,
merkt er schnell, was seine Freunde wert.

Aus China

Besser ist es, tot zu sein,
als ohne Freunde zu leben.

Aus Schweden

Ich kann nicht sagen, was ein Freund ist.
Ich weiß nur eins:
oben hat man viele,
in der Mitte wenige
und unten keine.

Niki Lauda

Ich stelle als Tatsache fest, daß, wenn alle Menschen wüßten, was jeder über den anderen sagt, es keine vier Freunde in der Welt gäbe.

Blaise Pascal

Freunde sind Leute, die meine Bücher entleihen und nasse Gläser darauf stellen.

Edwin Arlington Robinson

Wir lieben Menschen,
die frisch heraus sagen,
was sie denken –
falls sie dasselbe denken wie wir.

Mark Twain

Ein Bettler ist jemand, der sich auf die Hilfe seiner Freunde verlassen hat.

Ambrose Bierce

Ein wahrer Freund
trägt mehr zu unserem Glück bei
als tausend Feinde
zu unserem Unglück.

Marie von Ebner-Escbenbach

Wahre Liebe mag selten sein –
wahre Freundschaft ist noch seltener.

François La Rochefoucauld

Schon ein Blick,
ein Wort, ein Lächeln
vermag Wärme zu schenken.
Oft kann die Berührung
durch eine mitfühlende Hand
den Menschen wie ein Blitz
in der Dunkelheit erleuchten.

Radhakrishnan

Kapitel 15

Die schönste Freude erlebt man immer da, wo man sie am wenigsten erwartet hat.

Antoine de Saint-Exupéry

Ein Dankeschön findet immer seine Zeit

Dank mit dem Mund:
Hat wenig Grund;
Im Herzen Dank:
Ist guter Klang;
Dank mit der Tat:
Das ist mein Rat!

Robert Reinick

Wenn ein Mensch einem anderen für etwas sehr Teures zu danken hat, soll dieser Dank ein Geheimnis bleiben zwischen den beiden.

Rainer Maria Rilke

Begegnet uns jemand, der uns Dank schuldig ist,
gleich fällt es uns ein.
Wie oft können wir jemand begegnen,
dem wir Dank schuldig sind,
ohne daran zu denken.

Johann Wolfgang von Goethe

Such nicht immer, was dir fehle,
Demut fülle deine Seele,
Dank erfülle dein Gemüt.
Alle Blumen, alle Blümchen,
Und darunter selbst ein Rühmchen,
Haben auch für dich geblüht!

Theodor Fontane

Mußt du denn besitzen, was dich erfreut?
Unerreichbar wandeln die Sterne ihre Bahn,
und jeder freut ihrer dennoch.

Christian Dietrich Grabbe

Der Edle sieht bei einer Gabe
auf die Gesinnung des Gebers,
nicht auf den Wert der Gabe.

Plutarch

Doch guter Menschen Hauptbestreben
ist, andern auch was abzugeben.

Wilhelm Busch

Schenken heißt,
einem anderen das geben,
was man selber behalten möchte.

Selma Lagerlöf

Willst Du glücklich sein im Leben,
trage bei zu and'rer Glück.
Denn die Freude, die wir geben,
kehrt ins eig'ne Herz zurück.

Johann Wolfgang von Goethe

Man irrt, wenn man glaubt, daß Schenken eine leichte Sache sei. Es hat recht viel Schwierigkeiten, wenn man mit Überlegung geben und nicht nach Zufall verschleudern will.

Seneca

Nicht darauf kommt es an, daß man ein argloses Menschenkind mit Schätzen überhäuft, als vielmehr einzig nur darauf, daß man seinen oft recht bescheidenen Wunsch erfüllt.

Peter Rosegger

Rechter Dank
wird nicht krank,
pflegt im Danken
nie zu wanken.

Friedrich von Logau

Wer dankbar jeden Sonnenstrahl genießt, wird auch mit dem Schatten zu leben wissen.

Sprichwort

Anmut bringen wir ins Leben,
leget Anmut in das Geben,
leget Anmut ins Empfangen,
lieblich ist's, den Wunsch erlangen.
Und in stiller Tage Schranken
höchst anmutig sei das Danken.

Johann Wolfgang von Goethe

Hätte ich gewiß alle Tugenden gerne zu eigen, so will ich doch vor allem dankbar sein und scheinen, denn diese eine Tugend ist, wie die größte, so die Mutter aller übrigen Tugenden.

Cicero

Sobald wir verstanden haben, daß das Geheimnis des Glücks nicht im Besitz liegt, sondern im Geben, werden wir, indem wir um uns her glücklich machen, selber glücklich werden.

André Gide

Dankbare Menschen sind wie fruchtbare Felder; sie geben das Empfangene zehnfach zurück.

August von Kotzebue

Schenkens Lohn ist wie die Saat,
die aufgeht: Reiche Ernte naht,
wenn reichlich ausgestreut man hat.

Walther von der Vogelweide

So eine wahre, warme Freude
ist nicht in der Welt,
als ein große Seele zu sehen,
die sich gegen einen öffnet.

Johann Wolfgang von Goethe

Mit dankbarem Gemüte
freu ich mich deiner Güte.

Christan Fürchtegott Gellert

Was der Augenblick geboren,
schlang der Augenblick hinab!
Aber ewig bleibt es unverloren,
was das Herz dem Herzen gab.

Adalbert Stifter

Dank ist keine Erniedrigung, sondern ein Zeichen hellen Verstandes, welcher die Verhältnisse erkennt, und ein Zeichen eines guten Gemütes, welches der Liebe fähig ist. Denn wer nicht danken kann, kann auch nicht lieben.

Jeremias Gotthelf

Wer sich ganz dem Dank entzieht,
Der erniedrigt den beschenkten Freund,
indem er sich erhebt.

Franz Grillparzer

Es ist ein lobenswerter Brauch,
wer was Gutes bekommt,
der bedankt sich auch.

Wilhelm Busch

Man sieht nur mit dem Herzen gut,
das Wesentliche ist für die Augen unsichtbar.

Antoine de Saint-Exupéry

Glücklichmachen ist das höchste Glück.
Aber auch dankbar empfinden können ist ein Glück.

Theodor Fontane

Ich bin dankbar, nicht, weil es vorteilhaft ist, sondern, weil es mir Freude macht.

Seneca

Für beides danken: für das, was wir haben,
und für das, was wir wirklich brauchen.

Josef Geyer

Im selben Maß du willst empfangen, mußt du geben;
willst du ein ganzes Herz, so gib ein ganzes Leben!

Friedrich Rückert

Ehe wir nicht für unser Dasein dankbar sind,
wissen wir noch gar nicht,
wer wir sind und was es heißt,
zu sein und zu leben.

Thomas Merton

Dankbarkeit ist eine gar wunderliche Pflanze;
sobald man ihr Wachstum erzwingen will, verdorrt sie.

Jeremias Gotthelf

Ich habe nie in meinem Leben
auf Dank Anspruch gemacht,
ich habe ihn nie erwartet, ich habe ihn auch
nicht verdient,
denn ich habe niemals um Dank gehandelt,
sondern habe einfach
meine Schuldigkeit getan,
niemandem zuliebe, nichts weiter.
Und wer seine Pflicht tut,
ist ein getreuer Knecht,
hat aber keinen Anspruch auf Dank.

Otto von Bismarck

An die große Geliebte

Du hast mich nie zu was gezwungen.
Bin ich bei Dir, bin ich stets frei.
Seit ich Dich kenn', ist's mir gelungen
zu leben ohne Heuchelei.

Du hast, wann immer wir uns trafen,
mich so gelassen, wie ich bin.
Du bist für mich der sich're Hafen.
Durch Dich erkenn ich meinen Sinn.

Kennst keinen Weg, nennst keine Ziele.
Doch hast mein Innerstes berührt.
Läßt Dich nicht ein auf Tricks und Spiele.
Und hast mich so zu mir geführt.

Ich hab' zwar noch so viele Fragen.
So wenig hab' ich erst erkannt.
Doch will ich einfach „Danke" sagen
dafür, daß Du mir bist gesandt.

Gerald Drews

Kapitel 16

Fang' deine Arbeit munter an, so ist sie auch schon halb getan.

Friedrich Rückert

Zum Nachdenken für Schule und Studium

Es ist nicht genug, zu wissen,
man muß es auch anwenden;
es ist nicht genug, zu wollen,
man muß es auch tun.

Johann Wolfgang von Goethe

Menschen von dem ersten Preise
lernen kurze Zeit und werden weise.
Menschen von dem zweiten Range
werden weise, lernen aber lange.
Menschen von der dritten Sorte
bleiben dumm und lernen Worte.

Konfuzius

Lernst du wohl,
wirst du gebratener Hühner voll.
Lernst du übel,
mußt du mit der Sau zum Kübel.

Martin Luther

Halt Dein Rößlein nur im Zügel,
kommst ja doch nicht allzu weit.
Hinter jedem neuen Hügel
dehnt sich die Unendlichkeit.

Nenne niemand dumm und säumig,
der das Nächste recht bedenkt.
Ach, die Welt ist so geräumig,
und der Kopf ist so beschränkt.

Wilhelm Busch

Hast du bei einem Werk den Anfang gut gemacht,
das Ende wird gewiß nicht minder glücklich sein.

Sophokles

Das Geheimnis des Könnens liegt im Wollen.

Giuseppe Mazzini

Zum Leben braucht's nicht just,
daß man so tapfer ist,
man kommt auch durch die Welt
mit Schleichen und mit List.

Johann Wolfgang von Goethe

Auch aus Steinen, die in den Weg gelegt werden, kann man Schönes bauen.

Johann Wolfgang von Goethe

Hehle nimmer mit der Wahrheit!
Bringt sie Leid, nicht bringt sie Reue;
doch weil Wahrheit eine Perle,
wirf sie auch nicht vor die Säue.
Blüte edelsten Gemütes
ist die Rücksicht. Doch zuzeiten
sind erfrischend wie Gewitter
goldne Rücksichtslosigkeiten.
Wackrer heimatlicher Grobheit
setze deine Stirn entgegen;
artgen Leutseligkeiten
gehe schweigend aus den Wegen.
Wo zum Weib du nicht die Tochter
wagen würdest zu begehren,
halte dich zu wert, um gastlich
in dem Hause zu verkehren.
Was du immer auch willst werden,
Arbeit scheue nicht und Wachen;
aber hüte deine Seele
vor dem Karrieremachen.
Wenn der Pöbel aller Sorte
tanzet um die goldnen Kälber,
halte fest: Du hast vom Leben
doch am Ende nur dich selber.

Theodor Storm

Erfahrung ist nicht das, was mit einem Menschen geschieht, sondern das, was er daraus macht.

Aldous Huxley

Die Summe unserer Erkenntnis besteht aus dem, was wir gelernt, und aus dem, was wir vergessen haben.

Marie von Ebner-Eschenbach

Laß dir an dem Bewußtsein genügen, deine Pflicht getan zu haben! Andere mögen es erkennen oder nicht.

Christoph Martin Wieland

Der Lehrer strebe nur,
sich selber zu entfalten,
der Schüler lerne nur,
sein Eignes zu gestalten.

Friedrich Rückert

Der größte Lehrer kann dich nicht umgestalten.
Er kann dich befrein, du mußt dich entfalten.

Ernst von Feuchtersleben

Erst durch Lesen lernt man,
wieviel man ungelesen
lassen kann.

Wilhelm Raabe

Also lautet ein Beschluß:
Daß der Mensch was lernen muß.
– Nicht allein das A-B-C
Bringt den Menschen in die Höh';
Nicht allein im Schreiben, Lesen
Übt sich das vernünftig Wesen;
Nicht allein in Rechnungssachen
Soll der Mensch sich Mühe machen;
Sondern auch der Weisheit Lehren
Muß man mit Vergnügen hören. –

Wilhelm Busch

Aus nichts wird nichts, das merke wohl,
Wenn aus dir was werden soll.

Matthias Claudius

Der echte Schüler lernt aus dem Bekannten das Unbekannte
entwickeln und nähert sich dem Meister.

Johann Wolfgang von Goethe

Ein jeglicher versucht sein Glück; doch schmal nur ist die Bahn zum Rennen. Der Wagen rollt, die Achsen brennen. Der Held dringt kühn voran, der Schwächling bleibt zurück, der Stolze fällt mit lächerlichem Falle. – Der Kluge überholt sie alle.

Friedrich von Schiller

Was wir wissen, ist ein Tropfen,
was wir nicht wissen – ein Ozean.

Sir Isaac Newton

Lernen ist wie Rudern gegen den Strom.
Sobald man aufhört, treibt man zurück.

Benjamin Britten

Geschieht wohl, daß man einen Tag
Weder sich noch andre leiden mag,
Will nichts dir nach dem Herzen ein;
Sollts in der Kunst wohl anders sein?
Drum hetze dich nicht zur schlimmen Zeit,
Denn Füll und Kraft sind nimmer weit:
Hast in der bösen Stund geruht,
Ist dir die gute doppelt gut.

Johann Wolfgang von Goethe

Erwirb dir Weisheit, denn sie ist besser als Gold; und verschaffe dir Klugheit, denn sie ist köstlicher als Silber.

Sprüche Salomon

Aufmerksamkeit, mein Sohn,
ist, was ich dir empfehle;
bei dem, wobei du bist,
zu sein mit ganzer Seele.

Friedrich Rückert

Du sollst von neuem wagen,
sollst wissen, wer du bist!
Das ist ein eitles Klagen,
Wenn man so jung noch ist.

Du sollst dir selbst vertrauen,
Sollst wissen, wer du bist.
Der hat das beste Bauen,
Wer selbst der Meister ist.

Du sollst dich selber trösten,
sollst wissen, wer du bist.
Die Schmerzen sind die größten,
Wenn man sich selbst vergißt.

August Heinrich Hoffmann von Fallersleben

Schein und Sein

Mein Kind, es sind allhier die Dinge,
Gleichviel, ob große, ob geringe,
Im wesentlichen so verpackt,
Daß man sie nicht wie Nüsse knackt.

Wie wolltest du dich unterwinden,
Kurzweg die Menschen zu ergründen.
Du kennst sie nur von außenwärts.
Du siehst die Weste, nicht das Herz.

Wilhelm Busch

Man muß viel gelernt haben, um über das,
was man nicht weiß, fragen zu können.

Jean-Jacques Rousseau

Die Weisheit ist ein Quell.
Je mehr man aus ihm trinkt,
je mehr und mächtiger
er wieder treibt und springt.

Angelus Silesius

Alles Wahre ist so einfach, daß es eigentlich nur ein Dummkopf verstehen kann. Darum haben es ja die klugen Köpfe so schwer.

Karl Heinrich Waggerl

Wenn andre klüger sind als wir,
das macht uns selten nur Pläsier,
doch die Gewißheit, daß sie dümmer,
erfreut fast immer.

Wilhelm Busch

Willst du frei sein, mein Sohn, so lerne was Rechtes und halte Dich genügsam, und sieh niemals nach oben hinauf!

Johann Wolfgang von Goethe

Sich selber erforschen,
um sich selbst zu erkennen,
ist das erste Studium.

Johann Michael Sailer

Über das Studium: Diese Zeit hat man nur einmal. Danach muß gearbeitet werden.

Wolfgang Blumberg

Man braucht Verstand, um zu erkennen, daß es Dinge gibt, an die der Verstand nicht heranreicht.

Martin Kessel

Ob ein Mensch klug ist,
erkennt man viel besser an seinen Fragen
als an seinen Antworten.

Verfasser unbekannt

Gebildet ist, wer weiß, wo er findet, was er nicht weiß.

Georg Simmel

Prüfungen sind deshalb so unerträglich, weil der größte Dummkopf mehr fragen kann, als der gescheiteste Mensch zu beantworten vermag.

Charles C. Colton

Ein jeder denkt in seinem Dunst,
Andrer Verdienst sei winzig klein.
Bewahre jeder die Vergunst,
Auf seine Weise toll zu sein.

Johann Wolfgang von Goethe

Brotstudium

Was macht der Bruder Studio
Drei ganzer Jahre lang?
Er lebt nach seinem Animo
Und ziemlich ohne Zwang.
Er hört nach Vorschrift dies und das
Und weiß davon noch selten was,
Doch schmiert er fleißig nach und schmiert,
Was der Professor ihm diktiert.

Der Herr Professor hat doziert,
Das heißt: er hat diktiert.
Der Studio hat nachgeschmiert,
Das heißt: er hat's kapiert.
Ist das Collegium nun aus,
Trägt er die Weisheit flink nach Haus
Und sieht das Heft nicht wieder an,
Weil er's ja selbst nicht lesen kann.

Und sind die sechs Semester um,
Was hat er profitiert?
Er hörte manch Collegium
Und hat nun ausstudiert.
Nun fragt ihn mal, den Matador!
Er ist noch dümmer als zuvor,
Doch hat er nun einmal studiert,
Weil's auf dem Bogen steht testiert.

August Heinrich Hoffmann von Fallersleben

Kapitel 17

Glücklich, wer seinen Beruf erkannt hat. Er verlangt nach keinem anderen Glück!

Thomas Caryle

Im Berufsleben dürfen herzliche Worte nicht fehlen

Du mußt nach oben schaun, zu sehn,
wieviel noch Stufen des Beßren übrig sind,
wozu du bist berufen.
Du mußt nach unten schaun,
um auch zu sehn zufrieden,
wieviel dir Beßres schon
als andern ist beschieden.

Friedrich Rückert

Auf dem richtigen Weg
wird die natürliche Veranlagung Weisheit.

Aus Japan

Mein Sohn, hast Du allhier auf Erden
Dir vorgenommen, was zu werden,
sei nicht zu keck;
Und denkst Du, sei ein stiller Denker.
Nicht leicht befördert wird der Stänker.
Mit Demut salbe Deinen Rücken,
voll Ehrfurcht hast Du Dich zu bücken,
mußt heucheln, schmeicheln, mußt Dich fügen;
Denn selbstverständlich nur duch Lügen
kommst Du vom Fleck.
O tu's mit Eifer, tu's geduldig,
bedenk, was Du Dir selber schuldig.
Das Gönnerherz wird sich erweichen,
und wohlverdient wirst Du erreichen
den guten Zweck.

Wilhelm Busch

Arbeit ist des Bürgers Zierde,
Segen ist der Mühe Preis.
Ehrt den König seine Würde,
ehret uns der Hände Fleiß.

Friedrich von Schiller

Um keinen Preis gestehe du
der Mittelmäßigkeit was zu!
Hast du dich erst mit ihr vertragen,
so wird dir's bald bei ihr behagen,
bis du zuletzt, du weißt nicht wie,
geworden bist so flach wie sie.

Emanuel Geibel

Ein wahrhaft großer Mann wird weder einen Wurm zertreten noch vor dem Kaiser kriechen.

Benjamin Franklin

Des Lebens Mühe lehrt uns allein
des Lebens Güter zu schätzen.

Johann Wolfgang von Goethe

Es ist mehr wert, stets die Achtung
der Menschen zu haben,
als gelegentlich ihre Bewunderung.

Jean-Jacques Rousseau

Die großen Taten der Menschen
sind nicht die, welche lärmen.
Das Große geschieht so schlicht
wie das Rieseln des Wassers,
das Fließen der Luft,
das Wachsen des Getreides.

Adalbert Stifter

Wohl dem,
dem der Himmel ein Stück Brot beschert,
wofür er keinem andern als dem Himmel selbst
zu danken braucht.

Miguel de Cervantes

Gesell' Dich einem Besseren zu,
daß mit ihm Deine Kräfte ringen!
Wer selbst nicht weiter ist als Du,
der kann Dich auch nicht weiterbringen.

Friedrich Rückert

Jedem redlichen Bemühn
sei Beharrlichkeit verliehn.

Johann Wolfgang von Goethe

Kein Ding ist auf der Welt
so hoch und wert zu achten
als Menschen, die mit Fleiß
nach keiner Hoheit trachten.

Angelus Silesius

Zum Werke, das wir ernst bereiten,
Geziemt sich wohl ein ernstes Wort;
Wenn gute Reden sie begleiten,
Dann fließt die Arbeit munter fort.
So laßt uns jetzt mit Fleiß betrachten,
Was durch die schwache Kraft entspringt:
Den schlechten Mann muß man verachten,
Der nie bedacht, was er vollbringt.
Das ist's ja, was den Menschen zieret,
Und dazu ward ihm der Verstand,
Daß er im innern Herzen spüret,
Was er erschafft mit seiner Hand.

Friedrich von Schiller

Genie besteht immer darin,
daß einem etwas Selbstverständliches
zum erstenmal einfällt.

Hermann Bahr

Das Leben gab den Sterblichen nichts
ohne große Arbeit.

Horaz

Dem Manne, der die Geige baut,
dankt allein der Klang.

Friedrich der Große

Angenehm sind die erledigten Arbeiten.

Cicero

Manch einer verdankt seinen Erfolg den Ratschlägen, die er nicht angenommen hat.

Franz Molnar

Durch bloße Lehren
sind nie die Menschen zu bekehren:
Das gute Beispiel prägt allein
der Lehre Sinn dem Herzen ein.

Friedrich von Bodenstedt

Guter Rat von guten Leuten
kann unendlich viel bedeuten,
wenn die Leute gleich daneben
auch das gute Beispiel geben.

Nebelspalter

Einen wirklich großen Mann
erkennt man an drei Dingen:
Großzügigkeit im Entwurf,
Menschlichkeit in der Ausführung
und Mäßigkeit beim Erfolg.

Otto von Bismarck

Es steht schlimm um einen Menschen,
an dem man nicht einen einzigen
sympathischen Fehler entdecken kann.

Benjamin Disraeli

Wer in der wirklichen Welt arbeiten kann
und in der idealen leben,
der hat das Höchste erreicht.

Ludwig Börne

Füge dich der Zeit,
erfülle deinen Platz
und räum ihn auch getrost:
Es fehlt nicht an Ersatz!

Friedrich Rückert

Wer freudig tut und sich des Getanen freut,
ist glücklich.

Johann Wolfgang von Goethe

Samm'le Dich zu jeglichem Geschäfte,
nie zersplitt're Deine Kräfte,
teilnahmsvoll erschließe Herz und Sinn,
daß Du freundlich andern Dich verbindest.
Doch nur da gib ganz Dich hin,
wo Du Dich ganz wiederfindest.

Friedrich von Bodenstedt

Du wirst es nie zu Tüchtigem bringen
mit trüben Grabesträumereien.
Die Tränen lassen nichts gelingen,
wer schaffen will, muß fröhlich sein.

Theodor Fontane

An kleinen Dingen muß man sich nicht stoßen,
wenn man zu großen auf dem Weg ist.

Christian Friedrich Hebbel

Prahl' nicht heute: Morgen will
Dieses oder das ich tun.
Schweige doch bis morgen still,
Sage dann: Das tat ich nun.

Friedrich Rückert

In jedem Beruf ist der erste Schritt zum Erfolg, sich dafür zu interessieren.

Wilhelm Osler

Nein, laß mir das Geschäft in Ehren!
Es ist ein Balsam für das Herz:
Nicht töten will es und zerstören,
Es glänzt nicht, fliegt nicht sonnenwärts;
Doch liegt, ich darf es wohl berühren,
In Staub von Akten und Papieren
Gar wunderbare Zauberkraft,
Zu sänftigen die Leidenschaft.

Johann Wolfgang von Goethe

Was noch zu leisten ist, bedenke,
was du geleistet hast, das vergiß.

Marie von Ebner-Eschenbach

Gehorchen wird jeder mit Genuß
Den Frauen, den hochgeschätzten,
Hingegen machen uns Verdruß
Die sonstigen Vorgesetzten.
Nur wenn ein kleines Mißgeschick
Betrifft den Treiber und den Leiter,
Dann fühlt man für den Augenblick
Sich sehr befriedigt und heiter.

Wilhelm Busch

Von der Stirne heiß,
rinnen muß der Schweiß,
soll das Werk den Meister loben;
doch der Segen kommt von oben.

Friedrich von Schiller

Freund, so du etwas bist,
so bleib doch ja nicht stehn:
Man muß aus einem Lichte
Fort in das andre gehn.

Angelus Silesius

Die Welt ist wie ein Kram,
hat Waren ganze Haufen.
Um Arbeit stehn sie feil
und sind durch Fleiß zu kaufen.

Friedrich von Logau.

Der eine wartet, daß die Zeit sich wandelt,
der andre packt sie kräftig an und handelt.

Dante Alighieri

Besessenheit ist der Motor,
Verbissenheit die Bremse.

Rudolph Nurejew

Je planmäßiger die Menschen vorgehen,
desto wirksamer trifft sie der Zufall.

Friedrich Dürrenmatt

Die Menschen lassen sich lieber durch Lob ruinieren
als durch Kritik bessern.

George Bernard Shaw

Wenn du erkennen willst den Ruhm in seiner Blöße,
vergleich am Himmel ihn mit Sternen erster Größe!
Die letzter Größe, sind sie etwa minder groß?
Sie scheinen kleiner dir durch ihre Höhe bloß.
Drum lächle, rückt man dich zum letzten Range nieder,
und rückt man dich empor zum ersten, lächle wieder!

Friedrich Rückert

Das ist's ja, was den Menschen zieret,
und dazu ward ihm der verstand,
daß er im innern Herzen spüret,
was er erschafft mit seiner Hand.

Friedrich von Schiller

Man schätzt den Staub,
ein wenig übergoldet,
weit mehr als Gold,
ein wenig überstaubt.

William Shakespeare

Glücklich ist jener,
der fern von Geschäften ist.

Lateinischer Spruch

Der Mensch ist das einzige Tier,
das arbeiten muß.

Immanuel Kant

Über ein Ding wird viel geplaudert,
viel beraten und lange gezaudert,
und endlich gibt ein böses „Muß"
der Sache widrig den Beschluß.

Johann Wolfgang von Goethe

Wenn mir mal ein Malheur passiert,
Ich weiß, so bist du sehr gerührt.
Du denkst, es wäre doch fatal,
Passierte dir das auch einmal.
Doch weil das böse Schmerzensding
Zum Glück an dir vorüberrging,
So ist die Sache anderseits
Für dich nicht ohne allen Reiz.
Du merkst, daß die Bedaurerei
So eine Art von Wonne sei.

Wilhelm Busch

Weine dich aus im Schmerz;
dann greif entschlossen zur Arbeit;
Was die Träne nicht löst,
löst dich erquickend der Schweiß.

Emanuel Geibel

Wer seine Arbeit so betreibt,
daß stets ein Stück für morgen bleibt,
dem schwillt die Schuld so riesig an,
daß er sie niemals tilgen kann.
Der rechte Mann begleicht sein Soll
an jedem Tage ganz und voll.
Er schlaft getrost und hinterläßt
am letzten Tag den kleinsten Rest.

Karl Maria Freiherr von Weber

Kleine Taten, die man ausführt,
sind besser als große, die man plant.

George Catlett Marschall

Es ist aber bisweilen schwer zu beurteilen, für welche von zwei Möglichkeiten man sich entscheiden und welches von zwei Übeln man über sich ergehen lassen soll, und oft noch schwerer, bei dem gefaßten Entschluß zu bleiben.

Aristoteles

Kein Ereignis ist so unglücklich, daß kluge Leute nicht irgendeinen Vorteil daraus zögen, und keines so glücklich, daß es ein Dummkopf nicht zu seinem Nachteil wenden könnte.

François La Rochefoucauld

Kein Weiser jammert um Verlust.
Er sucht mit freudigem Mut, ihn zu ersetzen.

William Shakespeare

Wärest du so klug, die kleinen Plagen
des Lebens willig auszustehn,
so würdest du dich nicht so oft genötigt sehn,
die größeren Übel zu ertragen.

Christian Fürchtegott Gellert

Träume sind nicht Taten.
Ohne Arbeit wird dir nichts geraten.

Ernst Moritz Arndt

Die Natur gibt einem Menschen die
Fähigkeiten, und das Glück bringt sie
zur Wirkung.

François La Rochefoucauld

Du hast zwei Ohren und einen Mund,
willst du's beklagen?
Gar vieles sollst du hören und
wenig darauf sagen.
Du hast zwei Augen und einen Mund,
mach dir's zu eigen:
gar manches sollst du sehn und
manches verschweigen.
Du hast zwei Hände und einen Mund,
lern es ermessen:
Zwei sind da zur Arbeit und
einer zum Essen.

Friedrich Rückert

Es genügt nicht, gute geistige Anlagen zu besitzen. Die Hauptsache ist, sie gut anzuwenden.

René Descartes

Kapitel 18

Krankheiten, besonders langwierige, sind Lehrjahre der Lebenskunst und der Gemütsbildung.

Novalis

Gute Besserung – ein Herzenswunsch

Schon verloschen sind die Stunden,
Hingeschwunden Schmerz und Glück;
Fühl es vor: du wirst gesunden!
Traue neuem Tagesblick!

Johann Wolfgang von Goethe

Ein einziger Grundsatz wird dir Mut geben,
nämlich der Grundsatz,
daß kein Übel ewig währt,
ja nicht einmal sehr lange dauern kann.

Epikur

In dem ew'gen Kommen, Schwinden,
wie der Schmerz liegt auch das Glück,
und auch heit're Bilder finden
ihren Weg zu dir zurück.

Theodor Fontane

Der Himmel hat den Menschen
als Gegengewicht gegen die
vielen Mühseligkeiten des Lebens
drei Dinge gegeben:
die Hoffnung, den Schlaf und das Lachen.

Immanuel Kant

Das Gefühl von Gesundheit
erwirbt man sich nur durch Krankheit.

Georg Christoph Lichtenberg

Wem aber das Unglück
Das Herz zusammenzog,
Er sträubt vergebens
Sich gegen die Schranken
Des ehernen Fadens,
Den die doch bittre Schere
Nur einmal löst.

Johann Wolfgang von Goethe

Gehabte Schmerzen, die hab ich gern.

Wilhelm Busch

Hab oft im Kreis der Lieben
In duftigem Grase geruht
Und mir ein Liedlein gesungen,
Und alles war hübsch und gut.

Hab einsam auch mich gehärmet
In bangem düsterem Mut,
Und habe wieder gesungen,
Und alles war wieder gut.

Und manches, was ich erfahren,
Verkocht ich in stiller Wut,
Und kam ich wieder singen,
War alles wieder gut.

Sollst uns nicht lange klagen,
Was alles dir wehe tut,
Nur frisch, nur frisch gesungen!
Und alles wird wieder gut.

Adalbert von Chamisso

Ich glaube, daß Krankheiten Schlüssel sind,
die uns gewisse Tore öffnen können.
Denn ich glaube, es gibt gewisse Tore,
die nur Krankheit öffnen kann.

André Gide

Ein schöner, gerechter und vornehmer Ausgleich der Dinge besteht darin, daß, wie Krankheit und Kummer übertragbar sind, nichts in der Welt so sehr ansteckend wirkt wie Gelächter und gute Laune.

Charles Dickens

Wenn der Tag nicht hell ist,
sei Du heiter!
Sonne und froher Sinn
sind Gottes Streiter.

Friedrich Rückert

Ich saß vergnüglich bei dem Wein
Und schenkte eben wieder ein.
Auf einmal fuhr mir in die Zeh
Ein sonderbar pikantes Weh.

Ich schob mein Glas sogleich beiseit
Und hinkte in die Einsamkeit
Und wußte, was ich nicht gewußt:
Der Schmerz ist Herr
und Sklavin ist die Lust

Wilhelm Busch

Sei heiter!
Es ist gescheiter
als alles Gegrübel.
Gott hilft weiter:
Zur Himmelsleiter
werden die Übel

Theodor Fontane

Wenn man das Dasein als eine Aufgabe betrachtet, dann vermag man es immer zu ertragen.

Marie von Ebner-Eschenbach

Zu unsres Lebens oft getrübten Tagen
Gab uns ein Gott Ersatz für alle Plagen,
daß unser Blick sich himmelwärts gewöhne:
Den Sonnenschein, die Tugend und das Schöne.

Johann Wolfgang von Goethe

Gelobt sei die Krankheit,
denn die Kranken sind ihrer Seele näher
als die Gesunden

Marcel Proust

Gesund kann man nur bleiben,
wenn man ißt und trinkt,
was man nicht mag, und tut,
wozu man keine Lust hat.

Mark Twain

An einem heitern Morgen

O blaue Luft nach trüben Tagen,
Wie kannst du stillen meine Klagen?
Wer nur am Regen krank gewesen,
Der mag durch Sonnenschein genesen.

O blaue Luft nach trüben Tagen,
Doch stillst du meine bittern Klagen!
Du glänzest Ahnung mir zum Herzen:
Wie himmlische Freude labt nach Schmerzen.

Ludwig Uhland

Stark sein im Schmerz, nicht wünschen,
was unerreichbar oder wertlos.
Für tausend bittere Stunden sich mit einer einzigen trösten, welche schön ist, und mit Herz und Können sein Bestes geben, auch wenn es keinen Dank erfährt.
Wer das kann, der ist ein Glücklicher.

Arthur Schopenhauer

Nicht krank sein genügt durchaus nicht:
wacker, lustig, froh soll der Mensch sein.

Tacitus

Alles nimmt ein gutes Ende
für den, der warten kann.

Leo Tolstoi

Daß sie die Perle trägt,
das macht die Muschel krank;
dem Himmel sag' für Schmerz,
den ich veredelt, Dank!

Friedrich Rückert

Allen Gewalten zum Trotz sich erhalten,
nimmer sich beugen, kräftig sich zeigen,
rufet die Arme der Götter herbei.

Johann Wolfgang von Goethe

Weil das Glück aus seiner Tonnen,
Die Geschicke blind verstreut,
Freue sich und jauchze heut,
Wer das Lebenslos gewonnen!

Friedrich von Schiller

Die Krankheit ist ein Hindernis für den Körper,
nicht für den Willen,
sofern dieser es nicht selbst so will.

Epiktet

Ist nicht ein ungestörtes Glück
Weit schwerer oft zu tragen
Als selbst das widrigste Geschick,
Bei dessen Last wir klagen?

Christian Fürchtegott Gellert

Zwei Dinge lern' geduldig tragen:
Dein eigen Leid, der and'ren Klagen.

Marie von Ebner-Eschenbach

Gesundheit nur und Geldzulage
Verlang' ich, Herr! O laß mich froh
Hinleben noch viel schöne Tage
Bei meiner Frau im status quo!

Heinrich Heine

Bedenke stets, dir im Unglück
Gleichmut zu bewahren.

Horaz

Nur in der Tiefe der Seele,
mit Hilfe jener Kraft,
die stärker ist alle Vernünftigkeit,
kann Trost und Ruhe gefunden werden.

Wilhelm Busch

Tapfer ist, wer im Leiden gleich welcher Art immer getrosten Mutes bleibt. Mit Recht nennt man wahrhaftig das Tapferkeit, daß einer sich selbst besiegt, den Zorn bezwingt, durch keine Lockungen sich umstimmen und beugen läßt, im Unglück die Fassung nicht verliert, im Glück nicht übermütig wird und im Wandel der vielfach wechselnden Dinge nicht wie eine Windfahne hin und her schwankt.

Ambrosius von Mailand

Der Gesunde hat viele Wünsche,
der Kranke nur einen.

Aus Indien

Reichen die Kräfte nicht aus,
so ist doch der Wille zu loben.

Ovid

Werde heiter, mein Gemüte,
Und vergiß der Angst und Pein!
Groß ist Gottes Gnad und Güte,
Groß muß auch dein Hoffen sein.

Kommt der helle goldne Morgen
Nicht hervor aus dunkler Nacht?
Lag nicht einst im Schnee verborgen
Dieses Frühlings Blütenpracht?

Durch die Finsternis der Klagen
Bricht der Freude Morgenstern;
Bald wird auch dein Morgen tagen:
Gottes Güt ist nimmer fern.

August Heinrich Hoffmann von Fallersleben

Unglück ist auch gut.
Ich habe viel in der Krankheit gelernt,
das ich niemals
in meinem Leben
hätte lernen können.

Johann Wolfgang von Goethe

Und es zeigte sich wieder,
daß Hoffnung und Freude
die besten Ärzte sind.

Wilhelm Raabe

Lachen ist die beste Medizin.

Sprichwort

Der körperliche Zustand hängt sehr viel von der Seele ab.
Man suche sich vor allem zu erheitern und von allen Seiten zu beruhigen.

Wilhelm von Humboldt

Glück ist etwas, das man zum erstenmal wahrnimmt,
wenn es sich mit großem Getöse verabschiedet.

Marcel Achard

Optimismus ist die Fähigkeit, den blauen Himmel hinter Wolken zu ahnen.

Madeleine Robinson

Ei, der gesunde hüpft und lacht,
dem Wunden ist's vergällt.
Der eine schläft, der andere wacht,
das ist der Lauf der Welt.

William Shakespeare

Reiß deine Gedanken von deinen Problemen fort,
an den Ohren, an den Fersen oder wie immer.
Das ist das Beste, was der Mensch für seine Gesundheit tun kann.

Mark Twain

Gemeinsame Krankheitssymptome verbinden oft stärker als gemeinsame Überzeugungen.

Carl Metz

Die meisten Menschen sterben an ihren Arzneien und nicht an ihren Krankheiten.

Molière

Mit heiterem Angesicht
der Erde Leiden tragen,
Das ist des Himmels Lust,
das läßt uns nicht verzagen.

Friedrich Rückert

Steht dir ein Schmerz bevor, oder hat er dich bereits ergriffen, so bedenke, daß du ihn nicht vernichtest, indem du dich von ihm abwendest! Sieh' ihm fest ins Auge!

Ernst von Feuchtersleben

Wie das Übermaß der Freude oft in Traurigkeit endet, so folgen hingegen neue Freuden auf das überstandene Leid.

Giovanni Boccaccio

Vom Unglück zieh' erst ab die Schuld;
was übrig ist, trag' in Geduld.

Theodor Storm

Es ist kein Schmerz so tief verborgen,
er wirft doch seinen Widerschein
noch in den schönsten Tag hinein.

Hermann von Lingg

Welche Wohltat der Natur, daß die Erinnerung an überstandene Leiden denselben Genuß gewährt -und vielleicht einen größeren – als die Erinnerung an Freuden der Vergangenheit!

August von Kotzebue

Also hat es Dir gefallen
hier in dieser schönen Welt,
so daß das Vondannenwallen
Dir nicht sonderlich gefällt.
Laß Dich das doch nicht verdießen.
Wenn Du wirklich willst und meinst,
wirst Du wieder aufersprießen;
nur nicht ganz genau wie einst.
Aber Alter, das bedenke,
daß es hier doch manches gibt,
zum Exempel Gicht und Ränke,
was im ganzen unbeliebt.

Wilhelm Busch

Es taget in den Osten,
Es taget überall.
Erwachet schon die Lerche,
Erwacht die Nachtigall.

Wie sich die Wolken röten
Am jungen Sonnenstrahl!
Hell wird des Waldes Wipfel
Und licht das graue Tal.

Die Blumen richten wieder
Empor ihr Angesicht;
Mit Tränen auf den Wangen
Schaun sie ins Sonnenlicht.

Und könnt ein herbes Leiden
Je trüben deinen Mut:
Schau hoffend auf gen Himmel,
Wie's heut die Blume tut.

Und Frieden kehret wieder
Zu dir und Freud und Lust,
Und wie's auf Erden taget,
So tagt's in deiner Brust.

August Heinrich Hoffmann von Fallersleben

Man sieht die Blumen welken
und die Blätter fallen,
aber man sieht auch Früchte reifen
und neue Knospen keimen.

Johann Wolfgang von Goethe

Schlägt dir die Hoffnung fehl,
nie fehle dir das Hoffen!
Ein Tor ist zugetan,
doch tausend sind noch offen.

Friedrich Rückert

Und dräut der Winter noch so sehr
mit trotzigen Gebärden,
und streut er Eis und Schnee umher:
Es muß doch Frühling werden!

Emanuel Geibel

Wie groß für Dich Du seist,
vorm Ganzen bist Du nichtig;
doch als des Ganzen Glied bist Du als
kleinstes wichtig.

Friedrich Rückert

Harre, hoffe. Nicht vergebens
zählest Du der Stunden Schlag:
Wechsel ist das Los des Lebens,
und – es kommt ein andrer Tag.

Theodor Fontane

Nicht an die Güter hänge Dein Herz,
die das Leben vergänglich zieren!
Wer besitzt, der lerne verlieren,
wer im Glück ist, der lerne den Schmerz.

Friedrich von Schiller

Laß das Köpfle nie hängen,
habe stets frohen Mut,
einst wird's wieder helle,
einst wird alles noch gut.

Aus Schwaben

Trübes Wetter

Es ist ein stiller Regentag,
So weich, so ernst, und doch so klar,
Wo durch den Dämmer brechen mag
Die Sonne weiß und sonderbar.

Ein wunderliches Zwielicht spielt
Beschaulich über Berg und Tal;
Natur, halb warm und halb verkühlt,
Sie lächelt noch und weint zumal.

Die Hoffnung, das Verlorensein
Sind gleicher Stärke in mir wach;
Die Lebenslust, die Todespein,
Sie ziehn auf meinem Herzen Schach.

Ich aber, mein bewußtes Ich,
Beschau' das Spiel in stiller Ruh,
Und meine Seele rüstet sich
Zum Kampfe mit dem Schicksal zu.

Gottfried Keller

Seht Ihr den Mond dort stehen?
Er ist nur halb zu sehen
und ist doch rund und schön.
So sind wohl mache Sachen,
die wir getrost belachen,
weil unsere Augen sie nicht sehn.

Matthias Claudius

Herz, werde froh!

Herz, werde froh! Herz, werde kühn!
Auch dir ein Frühlingsmorgen tagt.
Vergiß des Lebens Sorg und Mühn
Und alles, was dich härmt und plagt!
Herz, werde froh! Herz, werde kühn!

Es laubt der Wald, das Feld ist grün,
Am blauen Himmel Sonnenschein,
Auch dir des Frühlings Blumen blühn,
Was Gott gibt allen, ist auch dein.
Herz, werde froh! Herz, werde kühn!

August Heinrich Hoffmann von Fallersleben

Gottes Mühlen mahlen langsam,
mahlen aber trefflich klein.
Ob aus Langmut er sich säumet,
bringt mit Schärf' er alles ein.

Friedrich von Logau

Früher, da ich unerfahren
und bescheidner war als heute,
hatten meine höchste Achtung
andre Leute.

Später traf ich auf der Weide
außer mir noch mehre Kälber,
und nun schätz ich sozusagen
erst mich selber.

Wilhelm Busch

Die Welt ist nicht aus Brei und Mus geschaffen,
deswegen haltet euch nicht wie Schlaraffen!
Harte Bissen gibt es zu kauen.
Wir müssen erwürgen oder sie verdauen.

Johann Wolfgang von Goethe

Bedenke, daß die menschlichen Verhältnisse allesamt unbeständig sind. Dann wirst Du in glücklichen Zeiten nicht übermütig fröhlich und in unglücklichen Zeiten nicht allzu traurig sein.

Sokrates

Weiß doch keiner, was ihm frommt
hier auf dunklem Pfade.
Keiner zwingt das Glück, es kommt
unverhofft als Gnade.

Friedrich von Bodenstedt

Erscheint Dir etwas unerhört,
bist tiefsten Herzens Du empört;
bäum' Dich nicht auf, versuch's nicht im Streit,
berühr' es nicht, überlaß es der Zeit.
Am ersten Tag wirst Du feige Dich schelten;
am zweiten läßt Du Dein Schweigen schon gelten;
am dritten hast Du's überwunden:
Alles ist wichtig nur auf Stunden.
Ärger ist Zehrer und Lebensvergifter,
Zeit ist Balsam und Friedensstifter.

Theodor Fontane

Wenn dich die Lästerzunge sticht,
so laß dir dies zum Troste sagen:
Die schlechtesten Früchte sind es nicht,
woran die Wespen nagen.

Gottfried August Bürger

Prüft das Geschick dich,
weiß es wohl warum:
Es wünschte dich enthaltsam.
Folge stumm.

Johann Wolfgang von Goethe

Den bängsten Traum begleitet
Ein heimliches Gefühl,
Daß alles nichts bedeutet,
Und wär uns noch so schwül.
Da spielt in unser Weinen
Ein Lächeln hold hinein,
Ich aber möchte meinen,
So sollt es immer sein!

Christian Friedrich Hebbel

Jeder sieht nur seine Plage,
Glaubt, daß er am schwersten trage,
Und ist sehr erstaunt,
Hört er eines andern Klage. –
Der ist, heißt's dann, schlecht gelaunt!

Hermann von Lingg

Unter Sternen

Wende dich, du kleiner Stern,
Erde! wo ich lebe,
Daß mein Aug', der Sonne fern,
Sternenwärts sich hebe!

Heilig ist die Sternenzeit,
Öffnet alle Grüfte;
Strahlende Unsterblichkeit
Wandelt durch die Lüfte.

Mag die Sonne nun bislang
Andern Zonen scheinen,
Hier fühl' ich Zusammenhang
Mit dem All' und Einen!

Hohe Luft, im dunklen Tal,
Selber ungesehen,
Durch den majestät'schen Saal
Atmend mitzugehen!

Schwinge dich, o grünes Rund,
In die Morgenröte!
Scheidend rückwärts singt mein Mund
Jubelnde Gebete!

Gottfried Keller

Fortuna lächelt, doch sie mag
nur ungern voll beglücken.
Schenkt sie uns einen Sommertag,
so schenkt sie uns auch Mücken.

Wilhelm Busch

Tröstung

Herz, mein Herz, gib dich zufrieden!
Denn es geht ja leidlich gut.
Ist dir Glück auch nicht beschieden,
Mehr als Glück ist fester Mut.

Mut, es frei herauszusagen,
Mut, das Unglück zu ertragen,
Mut für Freiheit, Ehr und Recht.

Geht auch alles hin zu Trümmern,
Daß kein Hoffen übrig bleibt –
Kann es dich denn weiter kümmern,
Was die Welt im Argen treibt?

Herz, mein Herz, was willst du klagen?
Halte an diesem Mute fest,
Und in deinen trübsten Tagen
Niemals dich dein Gott verläßt.

August Heinrich Hoffmann von Fallersleben

Hoffnung

Schaff, das Tagwerk meiner Hände,
Hohes Glück, das ich's vollende!
Laß, o laß mich nicht ermatten!
Nein es sind nicht leere Träume;
Jetzt nur Stangen, diese Bäume
Geben einst noch Frucht und Schatten.

Johann Wolfgang von Goethe

Nenne dich nicht arm,
weil deine Träume
nicht in Erfüllung gegangen sind;
wirklich arm ist nur der,
der nie geträumt hat.

Marie von Ebner-Eschenbach

Frühlingstrost

Was zagst du, in solchen Tagen,
Wo selbst die Dornen Rosen tragen?

Ludwig Uhland

Im Regen

Zählt man die Zeit im Jahr,
Drin freudevoll war ein Herz,
Sind's wen'ge Tage nur,
Die andern trug es Schmerz.

Zählt man die Zeit im Jahr
Drin blau der Himmel blieb,
Sind's wen'ge Tage nur,
Die andern waren trüb.

Drum, da der Himmel selbst
So oft in Tränen steht,
Klag nimmer, Menschenherz,
Daß dir's nicht besser geht.

Justinus Kerner

Herz, mein Herz, sei nicht beklommen,
Und ertrage dein Geschick,
Neuer Frühling gibt zurück,
Was der Winter dir genommen.

Und wie viel ist dir geblieben!
Und wie schön ist noch die Welt!
Und, mein Herz, was dir gefällt,
Alles, alles darfst du lieben!

Heinrich Heine

Ein Irrtum, welcher weit verbreitet
Und manchen Jüngling irreleitet,
Ist der, daß Liebe eine Sache,
Die immer viel Vergnügen mache.

Wilhelm Busch

Die Hoffnung, so trügerisch sie ist,
dient wenigstens dazu,
uns auf angenehmem Weg
an das Ende des Lebens zu führen.

François La Rochefoucauld

Die Hoffnung führt ihn ins Leben ein,
sie umflattert den fröhlichen Knaben,
den Jüngling begeistert ihr Zauberschein,
sie wird mit dem Greis nicht begraben;
denn beschließt er im Grabe den müden Lauf,
noch im Grabe pflanzt er die Hoffnung auf.

Friedrich von Schiller

Wenn auch düstre Wolken jagen
Und den Himmel hüllen ein,
Auch in stürmisch trüben Tagen
Kann ich dennoch heiter sein.

In des Herzens Heiligtume
Blüht, gepflegt von meiner Hand,
Mir des Lebens schönste Blume,
Die ich hier auf Erden fand.

Und die Blume, die ich meine,
Ist das Blümlein Heiterkeit,
Das mit Frühlingssonnenscheine
Mir vertreibt das trübste Leid.

Könnt ich manchem doch hinieden
So ein kleines Zweiglein weihn,
Ach, wie heiter und zufrieden
Säh er in die Welt hinein.

August Heinrich Hoffmann von Fallersleben

Das Leben, ob glücklich
oder unglücklich,
ob erfolgreich oder erfolglos,
ist ungewöhnlich interessant.

George Bernard Shaw

Wir verwenden unseren Geist besser dazu,
das Unheil zu ertragen, das uns trifft,
als uns um das zu sorgen,
welches uns noch treffen kann.

François La Rochefoucauld

Das Glück ist eine leichte Dirne
Und weilt nicht gern am selben Ort;
Sie streichelt das Haar dir von der Stirne,
Und küßt dich rasch und flattert fort.

Frau Unglück hat im Gegenteile
Dich liebefest ans Herz gedrückt;
Sie sagt, sie habe keine Eile,
Setzt sich zu dir ans Bett und strickt.

Heinrich Heine

Vertraut

Wie liegt die Welt so frisch und tauig
Vor mir im Morgenssonnenschein.
Entzückt vom hohen Hügel schau ich
Ins frühlingsgrüne Tal hinein.

Mit allen Kreaturen bin ich
In schönster Seelenharmonie.
Wir sind verwandt, ich fühl es innig,
Und eben darum lieb ich sie.

Und wird auch mal der Himmel grauer;
Wer voll Vertraun die Welt besieht,
Den freut es, wenn ein Regenschauer
Mit Sturm und Blitz vorüberzieht.

Wilhelm Busch

Wenn wir zu hoffen aufhören, kommt,
was wir befürchten, bestimmt.

Ernst Bloch

Lebensgewinn

Zwischen Schmerz und Freuden
Leben, fließe hin!
Hab ich doch von beiden
Reichlichsten Gewinn!

Gottes Schönheit seh ich,
Wie ich froh bin, ein;
Holde Pflicht – versteh ich –
Soll mir Freude sein.

Kommen dann die Schmerzen –
Kommt nur immerhin!
Lehrt bereitem Herzen
Kraft und Menschensinn!

So, in dunkler Tage,
Wie in heller, Lauf,
Baut, aus Lust und Klage
Sich die Weisheit auf.

Rinne, Strom des Lebens,
Rinne nur so zu!
Rannst doch nicht vergebens,
Flüchtge Welle, du!

Liebe war am Quelle,
Liebe war im Hain –
Liebe wird, o Welle!
Wo du landest, sein.

Ernst von Feuchtersleben

Das Glück

Der Rauch meines Herdes
Umzieht meine Linden,
Die von Schwalben umzwitschert sind.
Das ist das Glück.
Wünscht du noch mehr?
En gode Sigarr.

Detlev von Liliencron

Verkrüppelt wird heil,
Krumm wird gerade,
Leer wird voll,
Verschlissen wird neu,
Geringer Besitz soll bekommen,
Großer Besitz soll erschrecken!
Darum der Berufene:
Er hegt die höchste Einheit
Und wird der Welt Vorbild.
Er zeigt sich nicht, daher sein Licht,
Er stellt sich nicht dar, daher sein Glanz,
Er streitet nicht für sich, daher sein Erfolg.
Er prahlt nicht mit sich, daher seine Größe.
Eben weil er nicht streitet,
Kann keiner in der Welt mit ihm streiten.
Der alte Spruch:
Verkrüppelt wird heil!,
Wären das leere Worte?
Nein, wahrlich, heil soll alles werden
und wieder hergestellt!

Laotse

Der Einsame

Wer einsam ist, der hat es gut,
Weil keiner da, der ihm was tut.
Ihn stört in seinem Lustrevier
Kein Tier, kein Mensch und kein Klavier,
Und niemand gibt ihm weise Lehren,
Die gut gemeint und bös zu hören.
Der Welt entronnen, geht er still
In Filzpantoffeln, wann er will.
Sogar im Schlafrock wandelt er
Bequem den ganzen Tag umher.
Er kennt kein weibliches Verbot,
Drum raucht und dampft er wie ein Schlot.
Geschützt vor fremden Späherblicken,
Kann er sich selbst die Hose flicken.
Liebt er Musik, so darf er flöten,
Um angenehm die Zeit zu töten,
Und laut und kräftig darf er prusten,
Und ohne Rücksicht darf er husten,
Und allgemein vergißt man seiner.
Nur allerhöchstens fragt mal einer:
Was, er lebt noch? Ei Schwerenot,
Ich dachte längst, er wäre tot.
Kurz, abgesehn vom Steuerzahlen,
Läßt sich Glück nicht schöner malen.
Worauf denn auch der Satz beruht:
Wer einsam ist, der hat es gut.

Wilhelm Busch

Kapitel 20

Eines ist nur Glück hinieden, eins: des Innern stiller Frieden.

Franz Grillparzer

Herzliches fürs Poesiealbum

Ach, was soll der Mensch verlangen?
Ist es besser, ruhig bleiben?
Klammernd fest sich anzuhangen?
Ist es besser, sich zu treiben?

Soll er sich ein Häuschen bauen?
Soll er unter Zelten leben?
Soll er auf die Felsen trauen?
Selbst die festen Felsen beben.

Eines schickt sich nicht für alle.
Sehe jeder, wie er's treibe,
Sehe jeder, wo er bleibe,
Und, wer steht, daß er nicht falle!

Johann Wolfgang von Goethe

Leise zieht durch mein Gemüt
liebliches Geläute.
Klinge, kleines Frühlingslied,
kling hinaus ins Weite!
Kling hinaus bis an das Haus,
wo die Blumen sprießen.
Wenn du eine Rose schaust,
sag, ich laß sie grüßen.

Heinrich Heine

Willst du das Leben recht verstehn,
Mußt du's nicht bloß von vorn besehn.
Von vorn betrachtet, sieht ein Haus
meist besser als von hinten aus.

Wilhelm Busch

Schläft ein Lied in allen Dingen,
die da träumen fort und fort,
und die Welt hebt an zu singen.
Triffst Du nur das Zauberwort.

Joseph von Eichendorff

Wenn wir täten,
was wir sollten,
und nicht machten,
was wir wollten,
so hätten wir auch,
was wir haben sollten.

Martin Luther

Am Abend wird man klug
für den vergangnen Tag.
doch niemals klug genug
für den der kommen mag.

Friedrich Rückert

Da in der Achtung dieser Welt
so mancher Wicht wird hochgestellt,
gilt mir nur der als rechter Mann,
der ehrlich selbst sich achten kann.

Friedrich von Bodenstedt

Bleibe nicht am Boden haften,
frisch gewagt und frisch hinaus!
Kopf und Arm mit heitern Kräften,
überall sind sie zu Haus.
Wo wir uns der Sonne freuen,
sind wir jeder Sorge los.
Daß wir uns in ihr zerstreuen,
darum ist die Welt so groß.

Johann Wolfgang von Goethe

Aus den Wolken muß es fallen,
Aus der Götter Schoß, das Glück,
Und der mächtigste von allen
Herrschern ist der Augenblick.

Friedrich von Schiller

Ein Ständchen

In lindem Schlaf schon lag ich hingestreckt,
Da hat mich jäh dein Geigenspiel erweckt.
Doch, wo das Menschenherz mir so begegnet,
Nacht oder Tag, die Stunde sei gesegnet!

Theodor Storm

Reich sein an Freuden hängt nicht von Armut ab,
sondern von einem genügsamen, zufriedenen Herzen.

Jeremias Gotthelf

Liegt Dir Gestern klar und offen,
wirkst Du heute kräftig frei,
kannst auch auf ein Morgen hoffen,
das nicht minder glücklich sei.

Johann Wolfgang von Goethe

Wonach du sehnlich ausgeschaut,
Es wurde dir beschieden.
Du triumphierst und jubelst laut:
Jetzt hab ich endlich Frieden!

Ach, Freundchen, rede nicht so wild,
Bezähme deine Zunge!
Ein jeder Wunsch, wenn er erfüllt,
Kriegt augenblicklich Junge.

Wilhelm Busch

Wer seine Schranken kennt, ist der Freie;
wer sich frei wähnt, ist seines Wahnes Knecht.

Franz Grillparzer

Hab' Sonne im Herzen,
ob's stürmt oder schneit,
ob der Himmel voll Wolken
oder die Erde voll Streit.
Hab' Sonne im Herzen,
dann komme, was mag,
es leuchtet voll Licht Dir
der dunkelste Tag.

Cäsar Flaischlen

Danach sollst Du trachten:
eig'ne Rechte mild zu üben,
fremde Rechte streng zu achten.

Emanuel Geibel

Wenig große Lieder bleiben,
mag ihr Ruhm auch stolzer sein,
doch die kleinen Sprüche schreiben
sich ins Herz des Volkes ein,
schlagen Wurzel, treiben Blüte,
tragen Frucht und wirken fort.
Wunder wirkt oft im Gemüte
ein geweihtes Dichterwort.

Friedrich von Bodenstedt

Gib nicht zu schnell dein Wort,
so brauchst Du's nicht zu brechen!
Viel besser ist es, mehr
zu halten als versprechen.

Friedrich Rückert

Bleib' nicht auf ebnem Feld!
Steig' nicht so hoch hinaus!
Am schönsten sieht die Welt
von halber Höhe aus.

Friedrich Nietzsche

Genieße, was dir Gott beschieden,
entbehre gern, was du nicht hast!
Ein jeder Stand hat seinen Frieden,
ein jeder Stand auch seine Last.

Christian Fürchtegott Gellert

Wer glücklich ist,
sollte nicht noch glücklicher sein wollen.

Theodor Fontane

Wenn der Pöbel aller Sorten
tanzet um die goldnen Kälber,
halte fest: Du hast im Leben
doch am Ende nur dich selber!

Theodor Storm

Bau dein Nest, weil der Frühling währet,
Luftig bau's in die Welt hinein;
Wagen gewinnt,
Schwäche zerinnt.
Wage! Dulde! –
Die Welt ist dein.

Ernst Moritz Arndt

Wie die Blüten heute dringen
Aus den aufgeschloßnen Zweigen,
Wie die Vögel heute singen
Aus durchsichtigen Gesträuchen,
So begleitet reis' und lebe
Und so freundlich nimm und gebe.

Johann Wolfgang von Goethe

Wir brauchen nicht so fortzuleben, wie wir gestern gelebt haben. Machen wir uns von dieser Anschauung los, und tausend Möglichkeiten laden uns zu neuem Leben ein.

Christian Morgenstern

Anmut, die dem Geiste eigen,
muß in Werk und Wort sich zeigen.
Nicht von außen, nur von innen
ist die Anmut zu gewinnen.

Friedrich von Bodenstedt

Das Gute – dieser Satz steht fest –
ist stets das Böse, was man läßt.

Wilhelm Busch

Ein angenehmes und heiteres Leben kommt nicht von äußeren Dingen; der Mensch bringt aus seinem Innern wie aus einer Quelle Lust und Freude in sein Leben.

Plutarch

Hast du ein zufriedenes Herz,
so ist's genug, um froh zu sein.

Plautus

Willst du dir ein hübsch Leben zimmern,
Mußt dich ums Vergangene nicht bekümmern;
Das Wenigste muß dich verdrießen;
Mußt stets die Gegenwart genießen,
Besonders keinen Menschen hassen
Und die Zukunft Gott überlassen.

Johann Wolfgang von Goethe

Weißt du was, so schweig.
Ist dir wohl, so bleib.
Hast du was, so halt.
Unglück mit seinem breiten Fuß kommt bald.

Martin Luther

Der größte Reichtum
ist die Selbstgenügsamkeit.

Epikur

Das sind die Starken,
die unter Tränen lachen,
eigene Sorgen verbergen
und andere fröhlich machen.

Franz Grillparzer

Willst du dich am Ganzen erquicken,
so mußt du das Ganze im Kleinen erblicken

Johann Wolfgang von Goethe

Freude heißt die starke Feder
In der ewigen Natur.
Freude, Freude treibt die Räder
In der großen Weltenuhr.
Blumen lockt sie aus den Keimen,
Sonnen aus dem Firmament,
Sphären rollt sie in den Räumen,
Die des Sehers Rohr nicht kennt.
Froh, wie seine Sonnen fliegen
Durch des Himmels prächt'gen Plan,
Wandelt, Brüder, eure Bahn,
Freudig wie ein Held zum Siegen.

Friedrich von Schiller

Sechs Wörtchen nehmen mich in Anspruch
jeden Tag:
Ich soll, ich muß, ich kann, ich will, ich darf, ich mag.

Friedrich Rückert

Greif nicht leicht in ein Wespennest;
doch wenn du greifst, so greife fest.

Matthias Claudius

Eines Menschen Vergangenheit ist das,
was er ist. Sie ist der einzige Maßstab,
an dem er gemessen werden kann.

Oscar Wilde

Greift nur hinein
ins volle Menschenleben!
Ein jeder lebt's, nicht vielen ist's bekannt,
und wo ihr's packt, da ist's interessant.

Johann Wolfgang von Goethe

Jeder ist seines Glückes Schmied.

Sallust

Das vollkommene Glück ist unbekannt.
Für den Menschen ist es nicht geschaffen.

Voltaire

Ein fröhliches Herz erheitert das Angesicht;
ein trauriges Gemüt schlägt nieder den Geist.

Sprüche Salomon

Die glücklichen Neigungen
Ein stets vergnügter Mut,
ein immer gleicher Freund;
Die Weisheit die nicht schreckt,
wann sie erhaben scheint;
Ein Buch, das mich ergötzt,
indem es unterrichtet;
Was schönes das mich reizt,
doch weiter nicht verpflichtet;
Feld, Malerei, Musik,
ein wohlberittnes Pferd:
Wer mehrers noch verlangt,
der ist nicht dieses wert.

Gotthold Ephraim Lessing

Nie versäume des Augenblicks Gunst
und Gelegenheit:
Was er heute geboten,
beut er dir morgen nicht mehr.

Friedrich von Bodenstedt

Viele Menschen versäumen das kleine Glück,
weil sie auf das große vergeblich warten.

Pearl S. Buck

Sorge nicht um das, was kommen wird,
weine nicht um das, was vergeht.
Aber sorge, dich selbst nicht zu verlieren,
und weine, wenn du dahintreibst
im Strome der Zeit,
ohne den Himmel in dir zu tragen.

Friedrich Daniel Ernst Schleiermacher

Wäre doch das Blättchen größer,
Sagt ich mehr und sagt es besser!
Da es aber gar zu klein,
Sag ich nur: Gedenke mein!

Johann Wolfgang von Goethe

Sage nie: Dann soll's geschehen!
Öffne dir ein Hinterpförtchen
Durch „Vielleicht", das nette Wörtchen,
Oder sag: ich will mal sehen!

Denk an des Geschickes Walten.
Wie die Schiffer auf den Plänen
Ihrer Fahrten stets erwähnen:
Wind und Wetter vorbehalten!

Wilhelm Busch

Habe täglich den Tod vor Augen; das wird dich vor kleinlichen Gedanken und vor maßlosen Begierden bewahren.

Epiktet

Es reden und träumen die Menschen viel
von bessern, künftigen Tagen,
Nach einem glücklichen goldenen Ziel
Sieht man sie rennen und jagen.
Die Welt wird alt und wird wieder jung,
doch der Mensch hofft immer Verbesserung.

Friedrich von Schiller

Weite Welt und breites Leben,
Langer Jahre redlich Streben,
Stets geforscht und stets gegründet,
Nie geschlossen, oft geründet,
Ältestes bewahrt mit Treue,
Freundlich aufgefaßtes Neue,
Heitern Sinn und reine Zwecke:
Nun, man kommt wohl eine Strecke!

Johann Wolfgang von Goethe

Am Abend

Abermal ein Teil vom Jahre,
Abermal ein Tag vollbracht;
Abermal ein Brett zur Bahre
Und ein Schritt zur Gruft gemacht.
Also nähert sich die Zeit
Nach und nach der Ewigkeit;
Also müssen wir auf Erden
Zu dem Tode reifer werden.

Johann Christian Günther

Erst unter Kuß und Spiel und Scherzen
erkennst du ganz, was Leben heißt;
o lerne denken mit dem Herzen,
und lerne fühlen mit dem Geist.

Theodor Fontane

Aus alten Poesiealben

Liebe Leute groß und klein,
haltet mir mein Album rein.
Reißt mir keine Blätter raus,
sonst ist es mit der Freundschaft aus.

Unsre Freundschaft, die soll brennen
wie ein dickes Dreierlicht.
Freunde wollen wir uns nennen,
bis der Mops französisch spricht.

Lebe glücklich, lebe froh
wie der König Salomo,
der auf seinem Throne saß
und verfaulte Äpfel (fr)aß.

Wenn der Kindheit frohe Tage
hinter uns schon liegen weit,
soll dies Blättchen Dir noch sagen:
schön war unsre Jugendzeit.

Wenn Du einst in schweren Stunden
nimmst dies Büchlein in die Hand
und Du hast dies Blatt gefunden,
sag, Du hast mich auch gekannt.

Kennst Du das Blümlein am mosigen Quell?
Es leuchtet in Deinem Leben so hell.
Blau ist die Farbe, blau ist das Licht.
Die Freundschaft nennt es Vergißmeinnicht.

Glaube nicht alles, was Du hörst,
liebe nicht alles, was Du siehst,
rede nicht alles, was Du weißt,
tue nicht alles, was Du willst.

Immer wieder allem Schönen
offen sein zu vollen Tönen:
Freude nehmen, Freude geben
und das hohe Wunder Leben
schauend in die Seele binden,
um es fühlend ganz zu finden!

Von dem Frühling die laue Luft,
von der Rose den süßen Duft,
von den Bienlein die Emsigkeit,
von den Vöglein die Fröhlichkeit,
von den Sternlein den hellen Schein
wünsch ich Dir ins Leben hinein.

Wenn Du einst
bei schönem Wetter
hüten mußt Dein Haus,
so schau in Deine Albumblätter
und suche mich heraus.

Das Glück ist ein Schlingel,
ein frecher Patron,
reißt frech an der Klingel
und rennt dann davon.

Nur Liebe, Glück und Freude
zieh in das Herz Dir ein,
und frei von allem Leide
mög' stets Dein Leben sein.

Nicht was Du bist
ist, was Dich ehrt;
wie Du es bist
bestimmt den Wert.

Allzeit lustig ist gefährlich,
allzeit traurig ist beschwerlich,
allzeit glücklich ist betrüblich,
eins ums andre ist vergnüglich.

Nimm das Leben wie es ist
und die Menschen wie sie sind,
so wirst Du wenig trübe Tage haben.

Wenn Du einst nach vielen Jahren,
auf dieses Blatt wirfst einen Blick,
so denke, daß wir glücklich waren,
und denk an diese Zeit zurück.

Nie verlerne so zu lachen,
wie Du jetzt lachst froh und frei;
denn ein Leben ohne Lachen
ist ein Frühling ohne Mai.

Leicht zu leben ohne Leichtsinn,
heiter zu sein ohne Ausgelassenheit,
Mut zu haben ohne Übermut –
das ist die Kunst des Lebens!

Liebe ...! Nimm alles,
was Du tust, ernst!
Dich selber brauchst Du
nicht so ernst zu nehmen.

Lachendes Leben blüh' Dir entgegen,
lachendes Glück kehr' bei Dir ein.
Freude sei mit Dir auf allen Wegen,
lachender Frühling und Sonnenschein.

So wie der Glanz der Sterne,
so blühe stets Dein Glück,
denk auch in weiter Ferne
recht oft an mich zurück.

Nicht die Dinge selbst, sondern nur
unsere Vorstellungen darüber machen
uns glücklich oder unglücklich.

Lebe wohl!
Glück leite dich.
Bist du fern so denk an mich!
Was Du gelernt in Deinem Leben –
ist „hohes Gut“,
wer kann Dir’s nehmen?

Laß das Köpfle nie hängen,
habe stets frohen Mut,
einst wird’s wieder helle,
einst wird alles noch gut.

Hoffe wenig und wirke viel –
das ist der kürzeste Weg zum Ziel.

Der eine fragt: Was kommt danach?
Der andere fragt nur: Ist es recht?
Und also unterscheide sich
der Freie von dem Knecht.

Felsen können brechen,
Schiffe untergehn, …, Dich vergessen,
das wird nie geschehn.

Wenn Du einst als Großmama
im Lehnstuhl sitzt bei Großpapa,
dann denk in Deinem stillen Glück
an unsre Jugendzeit zurück.

Wer keine üblen Gewohnheiten hat,
hat wahrscheinlich keine Persönlichkeit.

Hab Sonne im Herzen,
dann komme, was mag.
Dann leuchtet voll Licht
auch der dunkelste Tag.

Blüh wie das Veilchen im Moose,
sittsam, bescheiden und rein.
Und nicht wie die stolze Rose,
die immer bewundert will sein.

Die Sonne blickt mit hellem Schein
so freundlich in die Welt hinein!
Mach's ebenso!
Sei heiter und froh!

Wer sich an andre hält,
dem wankt die Welt.
Wer auf sich selber ruht,
steht gut.

Bist Du einmal gar zu traurig,
weil das Leben ach so schaurig,
dann bedenk', daß Deine Sorgen
spätestens schon übermorgen
halb so schlimm wie heute scheinen
und kein Anlaß mehr, zu weinen.

Scheint Dir mal das Leben rauh,
sei still und zage nicht;
die Zeit, die alte Bügelfrau
macht alles wieder schlicht.

Sage nie: „Das kann ich nicht!“
Vieles kannst Du, will’s die Pflicht,
alles kannst Du, will’s die Liebe,
darum Dich im Schwersten übe.
Schweres fordern Liebe und Pflicht.
Sage nie: „Das kann ich nicht!“

Laß niemals einen Tag vergehen,
an dem nichts Gutes ist geschehen.

Die Liebe bringt Freude,
die Tugend bringt Ruh,
darum wähle sie beide,
und glücklich bist Du!

Wo wir uns der Sonne freuen,
sind wir jede Sorge los;
Daß wir uns in ihr zerstreuen,
darum ist die Welt so groß.

Durch Zufall lernten wir uns kennen,
durch Zufall müssen wir uns trennen,
durch Zufall werden wir uns wiedersehn!

Der eine wartet,
daß die Zeit sich wandelt –
der andere packt sie kräftig an
und handelt.

Hab Sonne im Herzen,
ob's stürmt oder schneit,
ob der Himmel voll Wolken,
die Erde voll Streit!

Hinter die Oberfläche der
Menschen sehen,
hinter das „Persönliche",
das Leben selbst in ihnen lieben.

Für jede Dummheit findet
sich einer, der sie macht.

Der verlorenste aller Tage
ist der, an dem man nicht gelacht hat.

Der Mensch hat dreierlei Wege,
klug zu handeln:
Erstens durch Nachdenken,
das ist der edelste;
zweitens durch Nachahmen,
das ist der leichteste;
und drittens durch Erfahrung,
das ist der bitterste.

Das Leben besteht aus guten
und schlechten Tagen,
und meistens liegt es an uns,
wie diese Tage beschaffen sind.

Willst Du Dir ein hübsch' Leben zimmern,
mußt Dich ums Vergangne nicht bekümmern:
das wenigste muß Dich verdrießen,
mußt stets die Gegenwart genießen,
besonders keinen Menschen hassen
und die Zukunft Gott überlassen.

Hab ein Lied auf den Lippen
verlier nie den Mut.
Hab Sonne im Herzen
und alles wird gut.

Zufrieden sein, große Kunst,
zufrieden scheinen, bloßer Dunst,
zufrieden werden, großes Glück,
zufrieden bleiben, Meisterstück.

Heiter wie ein Tag im Lenze
fließe Dir Dein Leben hin,
Unschuld sei's, die Dich bekränze,
Tugend Deine Führerin.

Ich wünsche Dir von Herzensgrund
bleib immer fröhlich und gesund.

Gibt Dir das Leben einen Puff,
so weine keine Träne,
lach dir 'nen Ast und setz Dich druff
und baumle mit die Beene!

Richte nie den Wert des Menschen
schnell nach einer kurzen Stund.
Oben sind bewegte Wellen,
doch die Perle liegt am Grund.

Wenn einer nur den Glauben hat
an sich und seine Taten,
dann schwindet jedes Hindernis,
und alles wird geraten.

Halt Dir Herz und Hände rein
und bleibe froh gesinnt,
man kann auf Erden fröhlich sein
und doch ein Gotteskind.

Rosen, Tulpen, Nelken
alle Blumen welken
nur das eine nicht
und das heißt Vergißmeinnicht.

Wir bleiben nicht gut, wenn
wir nicht immer
besser zu werden trachten.

Die Dinge, auf die es im Leben wirklich
ankommt, kann man nicht kaufen.

Gar scharf gezogen sind die Grenzen der Pflicht,
bedenke das Wohl, und vergiß es nicht
ein Schritt nur bringt dich auf den Pfad
der sein Ende im Abgrund hat.

Laß niemals einen Tag vergehen,
an dem nichts Gutes ist geschehen.

Wenn Du einst in späten Jahren
dieses Album nimmst zur Hand,
denk daran, wie froh wir waren,
als wir Kinder uns genannt.

Selbst ein Weg von tausend Meilen
beginnt mit einem Schritt.

Ein Häuslein aus Zucker,
von Zimt eine Tür,
eine Hecke von Bratwürstchen
das wünsch ich dir.

Man kann sein Leben
nicht verlängern,
noch verbreitern –
nur vertiefen.

Nur eins beglückt zu jeder Frist:
Schaffen, wofür man geschaffen ist.

So wie die Rosen blühen,
so blühe auch Dein Glück.
Und wenn Du Rosen siehest,
so denk an mich zurück.

Staunen ist der erste Schritt zu einer Erkenntnis.

Drei Engel mögen Dich begleiten
in Deiner ganzen Lebenszeit;
und die drei Engel, die ich meine,
sind: Liebe, Glück, Zufriedenheit.

Die Herrschaft über den Augenblick
ist die Herrschaft über das Leben.

Gib Dein Herz um keine Krone,
gib es einem, der Dich liebt.
Gib es auch nur dem zum Lohne,
der dafür das seine gibt.

Viel Glück und viel Segen
auf all Deinen Wegen,
Gesundheit und Wohlstand
sei auch mit dabei.

Laß das bange Vorbereiten.
Fang Dein Leben an beizeiten.

Dem kleinen Veilchen gleich,
das im Verborgnen blüht:
Sei immer fromm und gut,
auch wenn Dich niemand sieht.

Er hatte den Mut, feige zu sein!
Ein Held!

Immer wenn Du glaubst, es geht nicht mehr,
kommt von irgendwo ein Lichtlein her,
daß Du es noch einmal wieder zwingst
und von Sonnenschein und Freude singst,
leichter trägst des Alltags schwere Last,
wieder Mut und Kraft und Glauben hast.

Die Welt ist viel zu schön und zu weit,
als daß sie der Mensch begreifen könnte.

Nichts genügt dem, der nicht
mit wenigem zufrieden ist.

Am Abend wird man klug
für den vergangenen Tag,
doch niemals klug genug für den,
der kommen mag.

Solche wähle zu Begleitern
auf des Lebens Bahn,
die Dein Herz und Deinen Geist
erweitern,
Dich ermutigen, erheitern,
mit Dir eilen himmelan.

Immer vorwärts, nie zurück,
frischer Mut bringt neues Glück.

Sich selbst bekriegen,
ist der schwerste Krieg.
Sich selbst besiegen,
ist der schönste Sieg.

Kein Ding ist an sich gut oder schlimm.
Erst das Denken macht es dazu.
Mach es wie die Sonnenuhr,
zähl die heit'ren Stunden nur.

Weise ist der Mensch,
der nicht den Dingen nachtrauert,
die er nicht besitzt,
sondern sich der Dinge erfreut,
die er hat.

Habe Mut, dich deines eigenen
Verstandes zu bedienen.

Durch jede Liebe wird man ein
bißchen menschlicher,
egal wie sie verläuft.

Wer ohne jede Narrheit lebt, ist
nicht so weise, wie er glaubt.

Unter Rosen und Narzissen
fließe stets Dein Leben hin,
Weisheit sei Dein Ruhekissen,
Tugend Deine Führerin.

Lache und mache auch andere heiter,
zagen und klagen hilft niemals weiter.

Mußt Dich nie nach andern Leuten richten,
geh nur dreist den selbstgewählten Pfad,
keinem Helfer darfst Du Dich verpflichten,
eignem Willen folge, eignem Rat!

Ein freundlich Wort,
ein froh Gemüt im Hause,
trägt warmen Sonnenschein und Glück,
selbst in die kleinste Klause.

Sei ein Sonnenkind im Leben,
denn wer Sonne hat,
der kann auch Sonne geben.

Ein Säcklein voll Dukaten,
Alle Tage einen Braten,
Im Keller Wein und Bier,
Lieber Freund das wünsch ich Dir.

Die Liebe allein versteht das Geheimnis,
andere zu beschenken und dabei
selbst reich zu werden.

Hell' Gesicht bei bösen Dingen
und bei frohen still und ernst,
und gar viel wirst Du vollbringen,
wenn Du dies beizeiten lernst.

Man muß die Tugend eines Menschen
nicht nach seinen außergewöhnlichen,
sondern nach seinen gewöhnlichen
Handlungen bemessen.

Schön wie die Strahlen der Sonne,
so leuchte Dir künftiges Glück
und denke mit Freude und Wonne
an Deine Kindheit zurück.

Vergiß niemals die Heimat,
wo Deine Wiege stand.
Du findest in der Ferne
kein zweites Heimatland.

Das ganze Leben ist der
Versuch, es zu behalten.

Geh' durch die Welt
und sprich mit jedem.

Freund in der Not" will nicht viel heißen –
hilfreich möcht' sich mancher erweisen.
Aber die neidlos Dein Glück Dir gönnen,
Die darfst Du wahrlich Freunde nennen.

Wahrlich, unser Lebe währet nur kurz,
darum durchmeßt seine Bahnen auf das fröhlichste.

Immer will Dein Freund ich bleiben,
ob Du fern bist oder nah!
Dies für ewig aufzuschreiben,
dazu ist dies Album da.

Trübt dich dein Lebenslauf,
blicke zum Himmel auf,
Menschen laß Menschen sein,
helfen kann Gott allein.

Es mag sein, daß wir durch das
Wissen anderer gelehrt werden.
Weiser werden wir nur durch uns selbst.

Hast Du einmal gefehlt im Leben,
so habe Mut, gesteh' es ein,
es wird auf Erden niemand geben,
der ganz von Fehlern frei wird sein.

Wer sich auf seinen Lorbeeren ausruht,
trägt sie an der falschen Stelle.

Ich hab mich hinten angewurzelt,
daß keiner aus dem Album purzelt.

Ich schreibe Dir auf's letzte Blatt
Weil ich Dich am liebsten hab'
Wer Dich lieber hat als ich –
Der schreibe weiter hinter mich.

Quellenverzeichnis

In vielen Fällen heißt der Verfasser der Gedichte schlicht und einfach „Volksmund“, sprich: der Urheber ist nicht zu ermitteln gewesen. Darüber hinaus haben wir die Verse unter anderem folgenden Werken entnommen:

Klassische Zitate, Manfred Pawlak, Verlagsgesellschaft mbH, Herrsching 1986

Peter Motzan (Hrsg.), Klassische Verse und Zitate, Falkner-Verlag GmbH, Niedernhausen/Ts. 1986

Peter Lesser (Hrsg.), Das aktuelle Zitatenhandbuch von A bis Z, 3 Bände, WEKA Verlag, Kissing 1991

Wilhelm Busch, Das Gesamtwerk des Zeichners und Dichters in sechs Bänden, Band VI, Fackelverlag, Olten-Stuttgart-Salzburg 1964

August Heinrich Hoffmann von Fallersleben, Gedichte und Lieder, herausgegeben von Hermann Wendebourg und Anneliese Gerbert, Hoffmann und Campe Verlag, Hamburg 1974

Ludwig Uhland, Ausgewählte Werke, herausgegeben von Hermann Bausinger, Winkler Verlag, München 1987 (Wissenschaftliche Buchgesellschaft Darmstadt)

Eberhard Puntsch, Zitatenhandbuch Bd. 1, mvg-Verlag, Landsberg am Lech 1986

ders., Zitatenhandbuch Bd. 2, verlag moderne industrie AG, 1993

Christliches Zitatenlexikon, hrsg. von Josef Kral, Abensberg 1950.

Das Erich Kästner Lesebuch, Zürich 1978.
Des Knaben Wunderhorn, gesammelt von L. Achim von Arnim und Clemens Brentano, München, 1963.
Deutsches Sprichwörterlexikon in fünf Bänden, Augsburg 1987.